镜头下的火塘
——"物"像生产与身份认同

石谷岩 著

北京理工大学出版社
BEIJING INSTITUTE OF TECHNOLOGY PRESS

版权专有　侵权必究

图书在版编目（CIP）数据

镜头下的火塘："物"像生产与身份认同／石谷岩著．--北京：北京理工大学出版社，2024.2
ISBN 978－7－5763－3561－3

Ⅰ．①镜…　Ⅱ．①石…　Ⅲ．①彝族-民族文化-文化研究-中国　Ⅳ．①K281.7

中国国家版本馆 CIP 数据核字（2024）第 047858 号

| 责任编辑：徐艳君 | 文案编辑：徐艳君 |
| 责任校对：周瑞红 | 责任印制：施胜娟 |

出版发行　／　北京理工大学出版社有限责任公司
社　　址　／　北京市丰台区四合庄路 6 号
邮　　编　／　100070
电　　话　／　（010）68914026（教材售后服务热线）
　　　　　　　（010）68944437（课件资源服务热线）
网　　址　／　http：//www.bitpress.com.cn

版 印 次　／　2024 年 2 月第 1 版第 1 次印刷
印　　刷　／　保定市中画美凯印刷有限公司
开　　本　／　710 mm×1000 mm　1/16
印　　张　／　13.75
字　　数　／　157 千字
定　　价　／　89.00 元

图书出现印装质量问题，请拨打售后服务热线，负责调换

序 言

学术的善意

常 江

石谷岩博士的《镜头下的火塘——"物"像生产与身份认同》即将出版，我为她高兴和骄傲。这部著作是以她在清华大学完成的博士论文为基础修订、扩充而成的，是她将马克思主义基本观点和新闻传播学学术训练有机结合的杰出成果。

我至今仍记得谷岩最早跟我提出这一选题时眼中闪耀的光芒，我在其中看到了她强烈的意愿和笃定的精神，拥有此两者对于所有年轻学人来说，都是至关重要的。在后续的研究工作中，谷岩选择了一种最辛苦，却也最富成效的方式：民族志方法。她在大凉山彝族聚居地区进行了长时间、高强度的田野调查，并克服文化和语言上的种种困难，对大量彝族影视作品的创作者进行了深度访谈。她将自己在这一过程中获取的宝贵的经验资料，与她所致力于发展的马克思主义物像理论结合起来，发展出物像构建民族身份认同的四种实践路径：文化仪式、日常生活、财富与地位、社会机制。通过这项研究，谷岩与马克思主义文化理论，尤其是伯明翰学派的传统展开了对话——一切当代文化形式都是特定的历史存留物，正是那些在历史中形成的、有意义的生活方式为当下的一切实践预设了可能性的范畴（field of the possible）。这项研究尽管具有深度个案的形式，但其结论却具有较广泛的适用性，对于我们理解自己所在的这个多民族、多元文化的现代国家有启发意义。

  为了更好地完成这项研究，谷岩还在清华大学选修了大量批判文化理论、文化人类学、民族志方法等领域的课程，并向 Graham Murdock 教授这样的知名马克思主义理论家求教，这对于她开放性、包容性学术视野的形成起到关键作用。在从马克思主义民族理论"跨"入新闻传播学的过程中，谷岩最初的确面临着研究路径转型的困难，但她很快适应了这种状况，并在享受不同学术传统的交流和对话中找到了自己的研究方向。在她的第一本学术著作中，读者能够感受到来自不同学科的理论在"有张力的交融"中释放的魅力。我也相信谷岩会在这种宝贵的学术经验的滋养下，不断获得新的快乐。

  谷岩是我指导的第一个博士生。作为"开门弟子"，她背负了很多我对学生在学术和为人上的期望。如今想来，这或许给了她很大的压力。但她不仅用自己积极的生活态度和不倦的探索精神回应了我的期望，而且也在某种程度上以自己的卓越成就影响了我对什么是学术、应该如何做学术的看法。我从她的经历中看到，学术应当是一件令人享受的事情，是一项过程比结果重要的活动。她乐天派的性格和百无禁忌的禀赋，不但没有让她失去目标，却反而令她更加深切地投入于自己进入的每一个场景、接触的每一个访谈对象、习获的每一个新理论。这是一种多么令人羡慕的精神状态！作为她的导师、对她的学术成长历程最为了解的人，我是如此骄傲于我的学生拥有如此畅快的学术人生，如此可钦羡的选择的勇气！我希望谷岩能够以这本书为起点，不拘泥于世俗意义上的成功，继续以自己热爱的方式体验学术和生活。

  从很多方面看，谷岩的学术追求都体现出她所景仰的葛兰西（Antonio Gramsci）所倡导的"智识的悲观主义和意志的乐观主义"

(pessimism of the intellect, optimism of the will)——她在对当代媒介与文化现象的历史结构保持反思的同时,却始终保持着一种对未来图景的美好想象。这种恒久存在于"过去"和"将来"之间的精神张力或许让很多人(比如我)感到辛苦,于谷岩却是源源不竭的探索动力。这样的评价或许有我作为导师对自己学生的毫不客气的偏爱,但我想谷岩在她的学术和生活态度中所体现出的这种特性,或许意味着她这一代青年学人注定会走出一条与她们的前辈不同的道路。我对此抱有最高的期望,并愿竭尽所能提供支持。

学术的终极目标是构筑和宣扬一种可为全人类共享的"至善",我在谷岩的研究中看到了这样的火苗。我希望这本著作能够成为谷岩作为一个独立的研究者毕生追求至善的起点,也感谢她的读者在当下和未来给予她的一切帮助与善意。一个美好而有建设性的学术界,需要更多像谷岩这样优秀而单纯的人,她们代表着未来,并且应当拥有更大的舞台。

(作者系深圳大学特聘教授、深圳大学媒体融合与
国际传播研究中心主任)

前　言

　　身份认同是我们理解媒介与文化的重要维度，具有重要的理论研究价值。随着互联网技术的普及和自媒体的发展，近年来，身份认同的个体表达出现了与时俱进的变化，群体利用影视生产来表达身份认同的方式愈发成为身份认同的主要建构方式。在所有不同群体的影视生产实践中，本书选取 2000 年以来的彝族题材影视作品和与彝族影视生产者的访谈资料为主要研究对象，以马克思主义中物与身份认同的相关理论为理论框架，以深度访谈、话语分析为研究方法，尝试对彝族影视生产者对题材影视作品中物的处理作出归纳、分析，进而探究彝族影视生产中的物如何建构彝族身份认同。研究发现，彝族题材影视作品存在四种对物的处理方式：作为民族文化仪式载体的物、作为日常生活要素的物、作为财富与地位象征的物、作为社会机制呈现的物。在此基础上，彝族影视生产者通过对物的描摹来再现彝族传统生活、彝族经济发展现状以及彝族社会变迁中遭遇的困境，进而在彝族的民族认同维度、中华民族共同体的国家认同维度展开想象与探索。在民族认同维度中，既包括对体现彝族优秀文化的正面形象的积极民族身份认同，也包括对负面形象的呈现和批判。对彝族影视生产的理论研究与实践有助于彝族人掌握身份认同建构的主动性、权威性，为民族发展方向和中华民族共同体的视觉形象勾画了美好的前景图像，唤起社会对传统文化存续与传承的关注，也使彝族社会内部出现新的经济增长点。与此同时，彝族身份认同建构的差异性与持续存在性也要求政策制定者要与时俱进，在研究民族理论、制定民族政策时应该关注不同民族在现代化建设中建构身份认同的方式、倾向和问题，进而更好地求同存异，构筑稳定、和谐的社会主义新型民族关系。

  博士研究终将变成书籍，回首研究历程中的每一个阻碍和每一步突破，可以说这是我最具灵感与创新性的一次学术经历，也是最牵动我神经，使我投入最多情感、欢笑与泪水的学术经历。不仅因为彝族文化传统与现代表达中的悲剧惯常与起承转合，也因为这些一路陪伴我的人们。感谢亲人与伙伴，这本书是在你们的陪伴与帮助下完成的，属于我，也属于你们每一个人。首先我要感谢我的导师常江教授，他是我的学术领路人，更是我的人生榜样。常老师总是尊重我的学术兴趣与人生安排，对我分外照顾。他对媒介文化的深入研究和对学术、对学生认真、负责、包容的态度，让我不仅学到了丰富的知识、增强了学术研究能力，还让我了解到什么是包容的、多元的价值观，更让我明白了一位国际化学者该有的能力与姿态。常老师是我见过最优秀、最正直的人，能成为他的学生是我一生的幸运。还要衷心感谢朱安东教授、陈学礼副教授、夏莹教授、巴莫阿依教授、陈昌凤教授、杨洪林教授、朱靖江教授等专家、学者对此书的帮助，我是如此幸运，能在学术道路上遇见这么多优秀的老师，并得到他们的帮助。感谢所有在田野调查中帮助过我的人，感谢帮助我寻找访谈对象的领导、老师、朋友，感谢所有访谈对象对这本书的支持。

  最后我要感谢父母，感谢爱人，感谢一直关心我的领导、老师与宋菲菲、朱焯娅、王一琳等好友们。感谢父母一直支持我的梦想，做我最坚强的后盾，成为他们的女儿是我一生最幸运、最幸福的事情。谢谢爱人潘广谋在如此繁忙的状态下依旧帮我照看家庭，没有他的支持我无法完成研究。相恋10年，爱人的上进心、责任心一直在激励着我，希望我们能如此相敬如宾、互相成就地走过恩爱的一生。

感谢我与清华6年的缘分，如今我已开启与北京理工大学的另一段缘分。窗外又是一个黎明，32岁，盼望我的人生也开启新的征程。闭门即是深山，读书随处净土。无论身在何方，愿我永远保持对学术纯粹的初心。

石谷岩
2024年3月4日于北京理工大学

目　录

第1章　绪论：作为文化生产实践的身份认同　1

　1.1　研究缘起　1

　1.2　研究对象和研究动机　4

　1.3　问题提出　9

　1.4　概念界定　12

　　1.4.1　身份认同　12

　　1.4.2　民族认同　13

　　1.4.3　国家认同　15

　　1.4.4　影视生产　16

　1.5　研究意义　17

　　1.5.1　理论意义　18

　　1.5.2　实践意义　18

第2章　文献综述：影视生产与民族身份认同　21

　2.1　身份认同研究　21

　　2.1.1　身份认同研究综述　21

　　2.1.2　影视生产与身份认同研究综述　23

　2.2　民族身份认同研究　29

2.2.1　民族身份认同研究综述　29
　　2.2.2　民族影视生产与民族身份认同研究综述　32
　2.3　彝族题材影视生产与身份认同研究综述　37

第3章　研究设计：对彝族题材影视作品及其生产者的质化研究　45

　3.1　理论框架　45
　　3.1.1　马克思主义视域下的物与身份认同的关系　45
　　3.1.2　影视中的物与身份认同的关系　53
　3.2　研究方法　60
　　3.2.1　质化资料收集　60
　　3.2.2　质化资料分析　67
　3.3　对访谈对象及访谈场景信息介绍　68
　　3.3.1　大凉山地区的影视从业者及相关影片介绍　68
　　3.3.2　小凉山地区的影视从业者及相关影片介绍　76
　　3.3.3　贵州地区的影视从业者及相关影片介绍　80
　　3.3.4　楚雄、红河、石林等云南聚居区的影视从业者及
　　　　　　相关影片介绍　81

第4章　研究发现："物"的影视生产与彝族身份认同实践　85

　4.1　作为民族文化仪式载体的物　85
　　4.1.1　毕摩的法器和法具　86
　　4.1.2　以虎为代表的动物　89
　　4.1.3　树、石、山、火　97
　　4.1.4　物与社会关系　104
　4.2　作为日常生活要素的物　110
　　4.2.1　火塘、漆器与家庭生活　111

4.2.2　服饰、饮食与个人体验　　114
　　4.2.3　代表"现代生活"的物　　122
4.3　作为财富与地位象征的物　　126
　　4.3.1　白银　　127
　　4.3.2　现金与"奢侈品"　　130
　　4.3.3　物的对比　　134
4.4　作为社会机制呈现的物　　138
　　4.4.1　物与家支制度　　138
　　4.4.2　物与商品经济　　144
　　4.4.3　物与产业发展　　146

第5章　研究结论：社会变迁与国家发展语境下的彝族身份认同　　155

5.1　基于影视生产的彝族身份认同建构维度　　156
　　5.1.1　彝族影视生产中的民族身份认同　　157
　　5.1.2　彝族题材影视生产中的国家认同　　160
5.2　基于影视生产的彝族身份认同建构路径　　162
　　5.2.1　新中国成立前的阶级身份认同　　163
　　5.2.2　对现代性的想象性身份认同　　164
　　5.2.3　冲突身份认同的意象拜物教呈现　　165
5.3　彝族题材影视生产的意义探析　　167
　　5.3.1　身份认同建构的积极性　　167
　　5.3.2　中华民族共同体的视觉形象建构　　168
　　5.3.3　彝族题材影视生产与彝族社会的现代化实践　　169
5.4　理论启示与创新之处　　170
　　5.4.1　关于身份认同理论的启示与创新　　170
　　5.4.2　关于影视生产实践的启示与创新　　173

5.4.3　关于我国民族理论的启示与创新　　　　　　　　　　174

附录 A　彝族题材影视作品信息　　　　　　　　　　178

附录 B　访谈大纲　　　　　　　　　　183

参考文献　　　　　　　　　　185

第 1 章
绪论：作为文化生产实践的身份认同

1.1 研究缘起

身份认同是我们理解媒介与文化的重要维度。在"全球化"与"逆全球化"两种趋势交错发展的今天，"我是谁"以及"我成为什么"的问题有着重要的理论研究价值。

从理论发展的角度看，身份认同问题在哲学、心理学、社会学等学科中都具有重要地位，是一种需要被透彻理解的理论（王晶晶，2016；杨菊华等，2016；宋全成，2016；郭台辉，2013；杨菊华等，2013）。在我国，随着改革开放的推进和社会主义市场经济的深入发展，现实发生了极其强烈的变化，物质和教育等水平的提高使得参与市场经济建设的群体的身份认同发生了一定变化，各个群体的传统身份分崩离析，身份认同变得更加流动化、碎片化、多元化（邹旖佳，2020；Turkle，1996；Kling 等，2009；Gengen，1991）。面对现代化的"侵袭"，部分群体对自身的身份认同产生了迷茫、焦虑，甚至是愤怒的情绪（赵卫华等，2019；赵迎军，

2018；潘泽泉等，2017；钱俊希等，2015；卢晖临等，2014；刘学成，2014；周海青，2014；李荣彬等，2012）。与此同时，随着互联网技术的发展及普及，曾经在指令性计划经济中被言说和被建构的群体，如今开始主动地言说自我、构建自我，在断裂中重新思索自我的归属感和认同感为何（闫泽茹，2018；张杰，2016；王玉，2016；李琼，2014）。在此基础上，社会学、心理学、传播学等各个学科都对"认同"概念进行了多种维度的分析和研究。综上，传统的身份认同理论的解释力下降，使得身份认同理论需要跟随现实而发生改变（张杰，2016；杨慧琼，2012）。不同群体如何和其他群体、和中华民族融合，如何表达、建构自我身份认同，是身份认同理论在改革开放后、市场经济体制建设过程中需要探讨的重要问题（李洋，2019）。

从实践角度看，对身份认同的研究符合现实社会发展的要求，具有多元的维度和丰富的意义。首先，对于地区发展来说，身份认同在保护传统文化的同时，能够有效促进当地的文化建设（王艺潼，2020；苏冠园，2019；叶荫茵，2018；刘安，2016；张玉，2016；胡兆义，2014）。其次，身份认同可以将文化资源合理转化为经济发展优势，增强地区经济发展水平（宋艳姣等，2020；孙文凯等，2019；杨茂庆等，2018；李飞等，2017；卢海阳等，2016；于海涛等，2014）。最后，在政策制定中，对身份认同的研究符合国家治理的需求，因为对国家的身份认同能够起到维持社会稳定，提高国家凝聚力，提高社会的软实力和国际竞争力的作用（王浩宇，2019；李俊奎，2016；谢立黎等，2014；崔岩，2012）。

在现代化建设突飞猛进、技术飞速发展的今天，现实的发展使得身份认同问题具有了崭新的时代意义。随着互联网技术的普及和自媒体的发展，近年来，身份认同的个体表达出现了与时俱进的变化，群体利用影视作品表达身份认同的方式成为身份认同的主要建构方式之一，其特征为更加具有主动性、多样性。对于少数民族群体来说也是如此。少数民族是中华民族的重要组成部分，其身份认同对于社会稳定、政策制定来说具有重要价值（邝波，2020；张媛，2018；梁梦丹，2018）。近年来，对少数民族身份认同问题的讨论十分丰富、多元，且已经逐渐形成理论体系。作为中华民族的一员，各少数民族都在改革开放、市场经济建设等时代背景下积极参与现代化实践，和各民族进行交流，并且利用多种方式积极进行自我言说和身份表达（苏冠园，2019；金丽娜，2017；刘静，2015）。面对时代变迁，2000年以来，少数民族身份认同的建构方式、表达内容也发生了改变，他们从过去的被代表、被言说，变成如今积极主动地言说自我、建构民族身份（王艺潼，2020；苏米尔，2020；李贤等，2018；陆璐，2016；张瑄，2014）。随着市场经济的发展与脱贫攻坚的进行，少数民族逐渐融入现代市场经济中，且在融合过程中保留了很多原有的风俗习惯，融合和冲突是少数民族身份认同建构中不可回避的问题。分析、观察少数民族身份认同建构方式要求研究者在纵向历时上需具有历史感，在横向共时上需具有多维度、多层次的结构性视角，将少数民族的经济发展状况当成少数民族身份认同建构的基石，将少数民族面对的政治政策、社会环境当成其身份认同建构的背景，将少数民族文化生产活动当成其身份认同建构的观察对象。

同样，在少数民族各类文化生产活动中，影视生产是少数民族进行自我表达的重要形式，各类影视作品是少数民族进行身份认同建构的主要内容。以少数民族院线电影、纪录片、微电影等为代表的动态民族影视资料是记录少数民族身份认同建构和民族身份认同流变的重要文本。少数民族题材影视作品通过记录民族文化仪式的历史及群体、个体参与仪式的过程,通过记录该民族特定时期的物质生产实践与国家重大方针政策的方式,建构自身身份认同。少数民族题材影视文本的生产体现了少数民族言说自我的需求,它不仅是构建少数民族身份认同的重要渠道,也是加强民族文化对外传播的必然路径,更是促进民族交往交流交融,铸牢中华民族共同体意识的主要方式。

1.2　研究对象和研究动机

本书选取 2000 年以来的彝族题材影视作品(包括纪录片、电影、电视剧、微电影、短视频、电视栏目、综艺节目)和与彝族题材影视生产者的访谈资料为主要研究对象。

彝族主要分布在四川省、云南省和贵州省等地,人口共 983 万(2021 年第七次全国人口普查统计数据),是中国人口总量排名第七的少数民族。彝族具有人口数量较多、文化形态丰富的特点,是中华民族的重要组成部分。彝族既具有本民族的文化意识形态属性和生产方式,又被市场经济席卷而与现代化社会产生文化、经济交融。彝族人在市场经济浪潮的冲击下用多种方式维护本民族传统文化,并不断尝试将传统与现代文化进行融合,彝族影视生产则走在这次彝族文化生产浪潮的前端。自中华人民共和国成立以来,影视生产者源源不断地产出关于彝族的各种体裁、内容的影视作品,为学术界提供了丰富的研究文本。

彝族题材影视作品的身份认同建构主要经历以下三个阶段的变化:

一是 20 世纪初期到中华人民共和国成立前。彝族最早的影视资料被记录在日本人类学先驱鸟居龙藏于1905年出版的《中国西南部人类学问题》一书中。在这个时期，外国传教士、人类学家自发对彝族社会进行田野调查，并进行了具有猎奇与窥伺特点的影视拍摄工作，彝族题材影视作品主要由西方传教士及人类学家通过"东方学"的帝国主义研究路径被建构成猎奇或落后的"他者"。同时，在中国影视人类学先驱庄学本、孙明经和人类学家林耀华等人进入彝区考察后，也形成了体现彝族社会整体样貌的照片和电影文本（朱靖江，2021；朱靖江，2020；侯旋，2017；列来拉杜等，2006）。

二是中华人民共和国成立后至改革开放前。此时为记录、抢救传统文化的时期，官方媒体拍摄了一些关于彝族社会的纪录片，如1957年由八一电影制片厂拍摄的纪录片《凉山彝族》。《凉山彝族》由中央民族研究所和四川彝族社会历史调查组编写脚本、提纲，由民族学者担任顾问。该片记录了四川省凉山彝族地区民主改革以前奴隶社会的面貌，具有较高的民族志价值，为新中国影视人类学的发展做出了开创性工作。在中华人民共和国成立的"前三十年"，彝族题材影视作品生产主要由官方主导，受滞于教育水平、技术水平的限制，彝族题材影视作品的自我生产水平和产量均有限（梁现瑞，2007；郎维伟，1996）。

三是改革开放后至今。此时的彝族题材影视作品内容多来自彝族神话故事、历史事件、物质生产生活现状、国家重点政治、经济政策对彝族地区的影响等方面，如中央及地方电视台拍摄的大型历史题材故事剧《彝海结盟》《索玛花开》等，由庄孔韶等人类学学者创作的影视人类学纪录片《虎日》等，还有院线电影《支格阿鲁》《我的圣途》等。值得注意的是，在这一时期，由于互联网的发展、媒介技术的进步，快手、抖音等新型媒介平台出现，技术赋权下大量彝族群体在这类应用上进行即时性的短视频、微电影创作。影视生产实践促进了彝族实现自我认知，唤醒了彝族的集体记忆，形成了囊括独特彝族文化景观的民族认同（刘龙，2017）。

2000 年至今，彝族人掀起了影视生产及自我身份认同建构的浪潮。在影视体裁方面，以彝族纪录片、宣传片、微电影的数量最为庞大，彝族电视剧、院线电影、综艺节目的数量相对较少。但王宝强导演的电影《八角笼中》（2022）以大凉山格斗为背景，取得了非常优异的成绩。与此形成鲜明对比的是，彝族微电影发展势头十分强劲——这与彝族地区经济社会的发展和互联网技术的普及有密不可分的关系。随着新农村建设、脱贫攻坚及乡村振兴战略的深入进行，彝族地区经济水平、教育水平都得到显著提高，基础设施建设逐渐完善。互联网技术的发展以及自媒体技术的普及，使得彝族人掌握了通过影视生产进行自我言说的方式，彝族社会中掀起了一股自己生产、制作、宣传彝族微电影的浪潮（江凌等，2020；杨建梅，2015）。彝族微电影参与人数众多、产量丰富，是近些年彝族人进行身份认同建构和民族文化表达的主要渠道。彝族微电影的主创、演出人员几乎全部为说母语的、文化认同感十分强烈的彝族人，甚至是同一家支的不同成员。以家支、民族为单位，用集体参与的方式进行影视生产，是彝族微电影制作的主要特征。外出务工人员、求学人员的增多导致传统彝族社会的风俗习惯和现代社会主义市场经济社会的价值体系在彝族人的生活和心理等领域中发生了冲突，因此这些微电影作品往往将彝族人在面对现代社会与彝族社会种种冲突时内心所受冲击当作主题，体现了在现代化浪潮下彝族人言说自我与保护本民族传统文化的决心和行为。彝族题材影视生产者大多通过快手、抖音等短视频平台进行微电影生产。短视频平台的兴起改变了彝族题材影视生产的方式，改变了曾经只能在媒体上由他者报道、甚至是被他者污名化的状态，使彝族同胞掌握了身份表达的媒介权力，勾勒出属于彝族的视觉群像。此外，快手、抖音上的彝族网红们的影视生产行为也得到了大量受众的关注，部分已经促成流量变现，甚至获得政府资助，改变了彝族社会的传统产业结构，创造了新的经济增长点和文化能见度。因此，关注抖音、快手等新媒介平台上彝族人媒介表达、自我赋权的过程、现状及原因是本书探讨的重要内容。

在影视题材方面，彝族影视题材较为多元，既有展现彝族丰富的传统历史文化的影片，又有体现彝族新时代的精神面貌的影片；既有弘扬彝族民族文化、民族精神的影片，又有反映彝族历史遗留问题和现代性问题等负面题材的影片。其中，彝族纪录片、宣传片的主题多围绕彝族毕摩、传统工艺、节日和相关仪式等民族精神文化及其载体进行拍摄，如《彝问》《云深之处》等纪录片就记录了彝族丰富的民族文化载体，《虎日》《撒尼男人的盛典》等影视人类学纪录片则记录了彝族人参与民族文化仪式的情形。彝族故事片则多围绕脱贫攻坚等国家政策、彝海结盟、奢香夫人等历史话题等主题进行拍摄，如《奢香夫人》《彝海结盟》《金色索玛花》《索玛花开》等电视剧讲述了彝族著名历史人物的故事。这些影片既展现了优秀的彝族文化，又突显了彝族人勤劳、真诚、热情等时代精神，体现了彝族人在保护传统文化的同时积极投身于市场经济建设中，用科学知识提升彝族古老文化的现代魅力，与其他民族共同建设中华民族共同体的决心和行动。彝族院线电影数量较少，《我的圣途》《安妮的邛海》《支格阿鲁》《世界》《明天我是谁》《生命底色》等作品是其中代表，这些电影多以展现彝族悠久的历史文化与古老的传说故事为主题，兼顾彝族传统与现代生活在日常生产、生活中的融合与冲突。彝族题材影视作品不完全是正能量的主题，有关高额彩礼、婚配不自由等问题也是彝族题材影视作品关注的重要议题，是凉山①彝族微电影、短视频生产的主要内容。在叙事形式方面，以凉山彝族为创作主体的微电影内容极其关注彩礼、赌博等问题，以喜剧结尾的影片数量非常少，甚至个别影片喜剧的表达方式也是为了烘托最后的悲剧性结局。

  在彝族题材影视生产的地域分布中，云南、四川、贵州三省的彝族聚居区是影视生产的地域主体，这些地区生产了较多数量的纪录片。首先，云南省石林县、楚雄州的影视生产多由政府主导，石林县政府部门还和云南大学、昆明理工大学等学校进行合作，拍摄了诸多记录石林非遗传承项目的纪录片，显示出石林县、楚雄州政府传承和保护彝族文化，用文化生产带动经济发展、用经济发展反哺文化生产的决心。其次，贵州省是彝族古籍保存得最好的地方，又曾经是彝族最长久的土司政权——水西土司所在之处，著名历史人物奢香夫人也来自贵州，因此贵州省围绕彝族著名历史事件、知名历史建筑拍摄了较多数量的纪录片、电视剧。最后，凉山的影视从业者、爱好者在各类电影生产中占据半壁江山，尤其是近两年小成本的微电影生产风靡网络，使得凉山出现了一批影视公司和影视从业人员。部分凉山彝族微电影在题材和剧情设置上较为雷同，他们的生存、创作环境十分值得研究者关注。

---

① 凉山包括四川省的大凉山和小凉山，以及云南省的小凉山，为彝族支系"诺苏"聚居地。大凉山指以凉山州为中心的地带。大凉山的东边是小凉山的乐山、宜宾地区。小凉山有四个县，即雷波（凉山州）、马边（乐山）、屏山（宜宾）、峨边（乐山），简称"雷、马、屏、峨"，这一片地方叫"小凉山"，是四川省的小凉山。大凉山的西边，在云南省内还有三个县，华坪、永胜、宁蒗县，叫作"云南小凉山"。在本书的论述中，"凉山""凉山彝族地区""大小凉山"指四川省的大凉山和小凉山，以及云南省的小凉山。"凉山彝族"指四川省的大凉山和小凉山，以及云南省小凉山的彝族人。"凉山彝族自治州"是四川省的21个地级行政之一，首府驻西昌市。"四川大凉山"指以四川省凉山州为中心的地带。"云南小凉山"指云南省的华坪、永胜、宁蒗县。

1.3 问题提出

本书以2000年以来的彝族题材影视作品和访谈资料为研究对象，以马克思主义中物与身份认同的相关理论为理论框架，以深度访谈、话语分析为研究方法，尝试归纳、分析彝族题材影视生产者如何处理影视作品中的物，进而探究彝族题材影视生产中的物如何建构彝族身份认同。身份认同建构主要遵循以下的分析路径：影视生产可以通过特定的书写内容与形式，实现由冲突到和解、由差异到同一的过渡，建构出同一、连续、稳定的身份，进行达成认同共识（李洋，2014）。在这个过程中，影视生产中不同群体经历自我确立认同、寻找群体认同、建立群体认同到最终强化自我认同的过程（邹旖佳，2020）。认同的构建也可能采取某些收编的手段，比如借由渲染与留白共存的片面化历史书写来缝合身份的断裂，建构身份的连续；通过权威身份同化异质性身份、强势收编弱势的方式来遮蔽身份的差异，建构身份的同一（李洋，2014）。在以上关于身份认同的研究中，研究者往往将受众接触媒介内容、受众使用媒介、受众利用媒介形成身份认同的这三个行为当作完整的身份认同的建构过程（叶张翔，2017）。在现代化建设中，少数民族的影视生产与身份认同建构虽然受到国家-市场的影响，例如社会结构变迁、经济发展水平的提高能够影响到少数民族身份认同建构的方式与内容，但是除了外在的影响维度，少数民族影视生产中身份认同的建构也同样受到共同民族语言、共同民族心理、共同民族意识、共同民族文化、共同民族地域等内在的血缘-地缘因素的影响，体现了族裔身份认同的混杂性（黎相宜等，2013）。

首先，作者将彝族题材影视生产者的影视作品与访谈资料作为研究对象，尝试以之为切入口，深入理解20多年来，也就是2000年以来彝族的身份认同建构过程。以往对少数民族电影与身份认同建构关系进行探讨的文献大多以不同的时间节点为分类，主要将其发展阶段分为"新中国"（1949—1966）奠基期、"新时期"（1977—1999）拓展期、"新世纪"（2000年以来）繁荣期三个阶段（邢波，2020；王艺潼，2020；苏冠元，2019；李贤等，2018；刘安，2016）。作者选择"新世纪"，也就是2000年以来的繁荣期作为考察时间段，在这段时期中，彝族题材影视生产呈现出蓬勃发展的态势，影视作品数量多，而且体裁丰富。这些影视作品不仅体现了彝族人自我表达、自我赋权的主观能动性，而且也体现了国家新农村建设、脱贫攻坚、乡村振兴等政策对彝族身份认同建构的影响。同时，在实际操作层面中，由于这部分创作者年龄适中，作者的深度访谈也较容易接触这部分影视生产者，因此，本书选取2000年以来的彝族题材影视作品和与这些彝族影视生产者的访谈资料作为研究对象。

其次，作者沿袭庄锡昌对民族身份认同研究的思路，将彝族的身份认同分为广义的彝族身份认同与狭义的彝族身份认同。广义的彝族民族认同指彝族对中华人民共和国的认同，也就是国家认同；狭义的民族认同指彝族对各本民族文化的认同，也就是族群认同（庄锡昌，1987），如今，国家认同具有了中华民族共同体建设的新含义。根据认同程度，还可以将民族认同分为积极民族认同与民族身份认同困境（李忠，2008）。

再次，因为彝族题材影视作品是由彝族和其他民族共同建构的，根据影视生产主体的丰富性，可将彝族题材影视生产路径分为"自我建构"与"他者塑造"（李贤等，2018）。在这里，作者只选取自我建构路径进行研究,即仅对来自不同地区的彝族题材影视生产者及其作品进行研究,探讨不同地区的彝族人如何进行影视生产。

最后,不同生产者有不同的身份认同的建构路径,对于彝族题材影视生产来说,物的呈现是彝族影视内容开展的主要起点和叙述焦点,彝族题材影视作品的主题表达多围绕物来进行。彝族有丰富的物元素与物崇拜,这里的物;既是在彝族历史上与原始物恋相关的物,也是现代拜物教语境中与对物化事实的批判有关的物;既是生产者自给自足、不参与市场流通的物,也是市场中具有交换价值、能够参与买卖的物;既是维持彝族基本生活的必需品,也是承载彝族历史文化、民族精神风貌的物质载体。无论如何,这些物都是彝族人在特定环境下生产方式的具体体现,承接着远古与现代的文化和制度,记录了历史上奴隶制度、家支制度①的痕迹和在社会主义基本制度下民族文化、民族身份的变迁。在新时代中,伴随着国家对贫困问题的深入探讨和政策性解决,物在彝族影片中的体现和表达方式产生了极其强烈的现代性转向。苏米尔将影视中的荧幕物象按照功能分为三类:第一类是营造叙事环境的物件;第二类是作为人物事件载体的意象空间;第三类是用于托物言志、寄情于物的意象(苏米尔,2020)。作者根据彝族 2000 年以来已生产并上线的影视生产作品的体裁,在身份认同与物的关系的理论框架下,按照研究问题将物分为四类:一是彝族影视中作为民族文化仪式载体的物;二是作为日常生活要素的物;三是作为财富与地位象征的

---

① 凉山彝族家支制度是指凉山彝族历史上以父系血缘为纽带建立的家族制度。家支,彝语称为"措加"或"措西"。它是内部严禁通婚,并以父子连名制的谱牒作为纽带联结起来的父系血缘集团。在这个集团中,随着人口的繁衍,按血缘关系的亲疏,分为若干大支和小支,小支之下,便是为数众多的个体家庭。家支对个体家庭和成员有一定的约束力,但家支成员彼此之间没有统治和隶属的关系。

物；四是作为社会机制呈现的物。

总体而言，本书主要尝试分析、回答以下三个问题：彝族题材影视生产者通过影视中的物建构了怎样的身份认同？彝族题材影视生产者通过影视作品中的物建构民族身份认同的策略和路径是什么？采取上述策略和路径进行彝族题材影视生产的意义为何？

1.4 概念界定

1.4.1 身份认同

"身份认同（identity）"一词源于拉丁文 idem，为相同之意，这一概念最先出现在逻辑学和哲学中。对身份认同的研究由来已久，从笛卡尔提出"我思故我在"开始，主体与客体分离开来，客体成为确认主体的有效证明，关于自我的反思以及存在等身份认同的问题就从哲学的角度进入研究者的视线中。identity 一词具有多重含义：一是使等同于、认为与……一致，二是同一性、认同，三是身份。认同有"同一"和"独特"两个含义，揭示了"相似"和"相异"两层关系（张淑华等，2012）。个人与他人或其他群体的相似与相异构成了个人在社会网络中的位置，从而确定了其身份，组成了身份认同的第三层含义（童冰洁，2019）。而 identity 的第四层含义"身份认同"是 20 世纪 80 年代后才开始出现的，进入全球化时代之后，传统的稳定的"身份"被解构，人们开始探讨"身份"的建构性，因而将静止的"身份"看作一个需要追求的"认同的身份"的过程。由此，构成 identity 的第四层含义即为身份认同（孟瑞，2013）。

对身份认同的研究经历了从"我是谁"到"我成为什么"的改变，这种改变是由从本质主义到建构主义的改变而来的（葛彬超等，2020；李洋，2014；李芳芳，2014）。曾经身份认同问题是在本质主义的视域下进行问题研究，寻求的是稳定的同一性、本源性特征，以及尝试回答"我是谁"的归属问题。在身份问题遭遇现代性的主体性断裂后，本质主义逐渐转向了"非本质主义"的"建构主义"，霍尔（Stuart Hall）认为，这是从同一性的认同观转向了差异性的认同观。这种差异性的认同观认为，"认同"除了许多共同点，还应从"差异"来观察"认同"的断裂和非连续性，才能解决"我们其实是谁""我们已经变成什么？"，而非仅仅是"我们是什么"的问题。意即"认同"不仅仅回答"我是谁"（being），同时要回答"我成为什么"（becoming）（霍尔，2000）。因此，身份认同的问题本身就是一个建构的问题，它不仅要回答某类群体的身份是什么，还需要从流动的视角出发，回答某类群体如何建构自己的身份，更需要研究者关注身份建构背后的缘由，因为这里可能存在某类现实以及理论框架的研究转向（李继东等，2020；邓娇娇，2019）。

1.4.2 民族认同

国内学者对民族认同问题也有诸多探讨。王建民认为，所谓民族认同，是指一个民族的成员相互之间包含着情感和态度的一种特殊认知，是将他人和自我认知为同一民族成员的认识（王建民，1991）。王希恩认为，民族认同是民族意识的基本构成，指的是社会成员对自己民族归属的认知和感情依附（王希恩，1995）。徐黎丽认为，民族认同是民族在共同地域、生计、语言、风俗、宗教等因素影响下形成的区别于其他民族的自我特征的认同（徐黎丽，2011）。栗志刚认为，从弗洛伊德对认同定义的心理学的角度出发，心理学上的民族认同是一种归属感和情感依附，并且具有划定自我与他者界限的特征（栗志刚，2010）。社会学角度的民族认同则具有吉登斯论述的民族个体认同和民族群体认同的层次性特征。如此说来，民族认同除了对本民族的同一性与归属感的认知、对异质性的边界感，还应该与身份认同一样，包含着不同层次的共同体的想象。

庄锡昌将民族认同分为广义和狭义：广义的民族认同指对某一主权民族国家的认同，也就是国家认同；狭义的民族认同指一个国家内部的各个民族对各自民族文化的认同，也就是族群认同（庄锡昌，1987）。袁娥总结前人的研究并认为，有关民族认同的界定存在两种指向：一是指人们以某一国族作为归属对象的认同；二是指中国各民族成员对于本族身份的认同，以及其他国家类似族体单位的成员对于本族身份的认同。近年来，国内学者将第二种含义上的"民族认同"研究冠以"族群认同"之名（袁娥，2011）。李忠等人基于前人对民族认同的定义，将民族认同定义为其对本民族态度的一种表现形式，包括广义的民族认同与狭义的民族认同。在我国，广义的民族认同指对中华民族的认同，狭义的民族认同指对本民族的认同。根据认同程度可以将民族认同分为积极民族认同与民族身份认同困境（李忠，2008）。张媛认为民族认同实际涵盖了三层的外延：第一层是对中国历史文化传统的认同，倾向于对中华民族的认同；第二层是对主权国家的认同，也就是国家认同；第三层是个体对于本身民族群体文化的认同（张媛，2014）。

如今，广义民族认同，也就是对中华民族的认同，以中华民族共同体的研究视角进行身份认同探究。在现实的民族工作中,马克思主义民族理论多元一体的辩证思维方式所推动的我国民族认同与国家认同一致发展的势态,在中国特色社会主义新时代铸牢中华民族共同体意识中得到了突出彰显(郑洪颖,2021)。自2014年起,习近平在不同场合反复提出、不断强化民族共同体意识的重要性。2020年可谓"中华民族共同体"理论与政策全面开花、全面实践的一年,在对云南、山西、宁夏的考察及第七次西藏工作座谈会、第三次新疆工作座谈会上,习近平围绕"铸牢中华民族共同体意识,实现各民族团结进步"的主题进行相关论述。铸牢中华民族共同体意识、建立中华民族共同体是建构的过程,有学者从构成中华民族共同体意识的不同维度出发,从意识的内容、价值、表达、接受等不同方面,强调中华民族共同体是中华民族政治共同体、文化共同体、价值共同体、利益共同体、命运共同体的结合(宋才发,2021;周超等,2021)。在面对"世界百年未有之大变局"的时刻,将铸牢中华民族共同体意识作为民族工作的主线,是马克思主义民族理论中国化的最新成果,是习近平新时代中国特色社会主义思想的创新性发展,是中国民族理论与民族政策话语体系的最新成就(张伦阳等,2021)。在对少数民族媒介表达与中华民族共同体身份建构的探究中,王炎龙等人认为自媒体为少数民族和民族地区个人或团队表达自我、发布信息、生产知识的网络公共空间,改变了原有的传播关系。同时技术迭代带来媒体传播创新,也为少数民族和民族地区进行民族话语表达和民族文化传播提供了便利的表演和展示平台(王炎龙等,2021)。

1.4.3 国家认同

国家认同是随着人出生被赋予国民身份后所具有的一种国族意

识，它也是一种归属感，代表了个人或群体将自己归属于国家，形成捍卫国家主权和民族利益的主体意识。

国家认同概念出现在20世纪70年代行为革命时期的政治学领域。苏联解体、东欧剧变而引发的第三次民族主义浪潮强烈冲击着传统的国家认同观念，使得国家认同问题的重要性日益彰显（张宝成，2010）。贺金瑞和燕继荣认为，国家认同是指一个国家的公民对自己祖国的历史文化传统、道德价值观、理想信念、国家主权等的认同（贺金瑞等，2008）。贾志斌认为，国家认同是一种重要的国民意识，是维系一国存在和发展的重要纽带（贾志斌，2011）。袁娥认为，国家认同关系着社会秩序的良好运行、国家的安全和稳定，维系着一国的存在和发展（袁娥，2011）。王超品认为，国家认同实质是某一个民族自觉认同本国的历史、文化以及国家政治制度，从而对其形成维护（王超品，2015）。

1.4.4 影视生产

美国电影学者莫纳科（James Monaco）在《怎样看电影》一书中指出："情况已经变得很清楚，我们所谓的电影与我们所熟悉的录像和电视，不再可能截然分开了。时至今日应当把它们看作是一个统一体的组成部分，我们确实需要一个能够包括影片与录像带的新词汇（莫纳科，1990）。这个词汇就是影视生产。影视生产主要指以摄影机、摄像机为主要生产工具的影视生产活动，即电影、电视剧、微电影、综艺节目、纪录片等不同体裁影视内容的生产。在本书中，我们要着重关注影视生产技术如何影响生产内容、表达形式。正如瓦尔特·本雅明（Walter Benjamin）所说，在影视生产中，最具决定性的还是摄影与其技术之间的关系（本雅明，2017）。影视生产力的进步带来生产关系的改变，以至于摄影的主体发生变化。被摄影者从被表达和被建构，变成主动掌握影视生产资料、生产工具，自主选择影视生产形式和表达内容的影视生产者。

1.5　研究意义

本书力图抓住彝族影视中"物"这一关键要素进行分析。马克思本人，以及后世的诸位西方马克思主义者对物与身份认同关系的阐释十分丰富。对于作为现代性原型的物，马克思认为商品生产者不知道自己所为是客观的颠倒和物化，也就是不知道拜物教的存在。但是拜物教是分析商品社会中的物时无法避免的现象。这里的"物"，既是单个的物体，又可以表现为庞大的商品堆积。人类的整个历史就是物质生产的历史，物具有丰富的文化内涵，能够体现背后深刻的物质基础。原始社会、封建社会、商品社会人的生产关系全面体现在人对物的生产和物对人的奴役和呈现中。

但是值得注意的是，不同于西方对于物质和意识的二元论分割，彝族的传统哲学是一种整体主义哲学。整体主义哲学将彝族的社会现象、社会规范、社会结构、文化价值等作为整体系统，并借助整体系统来观察彝族的各个部分，以及观察整体系统如何对彝族个体产生制约与影响（阿库浪金，2019；周如南，2015）。彝族把对现代性的想象和历史的认知共同融入彝族影视的叙事中，对物的态度和处理方式是彝族现代性叙事中无法回避的中心问题。因此，本书将从彝族影视作品中的物着手，将影视作品中的物进行分类，同时与彝族影视生产者进行访谈，分析其在建构彝族身份认同中发挥的作用。

1.5.1 理论意义

（1）2000年以来彝族题材影视作品的数量逐年增多，但是鲜有研究对这些影视作品进行整理。本书尝试对彝族较为正式的影视作品和对彝族题材影视生产的发展脉络进行归纳总结，以期用新的经验材料丰富、发展身份认同理论。

（2）随着互联网技术的普及和发展，少数民族的身份认同在新时代发生了变化，身份认同理论亟须更新。对彝族题材影视资料的分析可以在视觉传播研究和身份认同理论之间建立桥梁，关注视觉媒介使用对身份认同理论发展的影响。

（3）"物"的历史甚至久于人的历史，人的整个历史可以被当成物恋的历史。从物出发分析彝族题材影视生产，视角较为新颖独特，具有新的解释力。

1.5.2 实践意义

（1）在资本逻辑的侵袭下，以彝族为代表的很多少数民族的民族身份正在被侵蚀，甚至被遗忘。对彝族题材影视生产进行研究，有助于我们为准确理解彝族文化提供经验材料和理论支持，匡正文化偏见。

（2）从影视中理解彝族的物观和民族认同、现代化认同、国家认同之间的冲突和融合，有助于丰富中国民族理论与民族政策的发展，促进马克思主义民族理论中国化的建设。

（3）习近平在党的十九大报告中首次提出"铸牢中华民族共同体意识"，进而又在不同场合反复强调中华民族共同体的重要性。

党的二十大报告强调,"以铸牢中华民族共同体意识为主线,坚定不移走中国特色解决民族问题的正确道路,坚持和完善民族区域自治制度,加强和改进党的民族工作,全面推进民族团结进步事业。"这是党中央着眼全面建设社会主义现代化国家全局,对民族工作作出的重大部署,为全面推进民族团结进步事业提供了根本遵循。对彝族在影视作品中物与民族身份建构问题的梳理,能够探究彝族如何在影视生产中铸牢中华民族共同体意识、建立和谐的中华民族共同体的视觉形象。

第2章
文献综述：影视生产与民族身份认同

 2.1　身份认同研究

2.1.1　身份认同研究综述

　　作为主体在特定关系中所处的一种不可让与的地位或资格，一种如何与他人相处的相应行为准则，身份揭示的是生活在社会中的个体与社会的关系，是对个人经历和社会地位的一种解释（闫国疆，2019）。鉴于此，身份认同很大程度上源于社会成员彼此之间对共同体的想象，是社会互动与社会承认的结果，有性别、阶级、民族等多种维度（陈薇，2017）。身份认同主要回答了一个人归属哪个群体的问题，是个人对所属群体的角色及其特征的认可程度和接纳态度（文源，2019）。在改革开放后市场经济体制建设的过程中，传统身份认同观崩塌、破碎，流动性成为当代认同的主要特征，社会的多样性导致不同群体的认同问题逐渐凸显，媒介的变革使得断裂的主体开始在媒介中寻找新的归属感、认同感。在此现实基础上，社会学、心理学、传播学等各个学科都对"认同"概念进行了多种维度的分析和研究。因此，身份认同是一个具有跨学科含义的概念，本书则主要对新闻传播学中的身份认同理论进行探讨。从研究分布群体来看，新闻传播学中的身份认同理论研究近些年主要以女性、迷群、少数民族等群体的身份认同及建构方式为主要研究对象，其研究聚焦于新媒体领域中和影视生产中的身份认同及建构方式。

在理论探讨方面，张杰利用欧洲社会学的"陌生人"理论的后现代解释，对传统认同理论中无法解释的网络身份及网络认同的基础与实现条件进行探讨（张杰，2016）。常江通过对不同网络平台的原创用户进行深度访谈，发现互联网文化生产者与传统媒介环境下的文化生产者具有相似的较为保守的集体身份认同，但是这种身份认同的形成是基于共同的文化兴趣（常江，2015）。另有文章对不同群体身份认同与行为传播的研究进行探讨。李沁和王雨馨对华人华侨群体的身份认同和文化传播行为之间的关系展开量化研究，结果显示，华人华侨的身份认同是其传播中华文化的基础及主要驱动力（李沁等，2019）。甘丽华对中国青年报记者群体进行访谈，发现记者群体表现出积极的职业身份认同，这种积极的职业身份认同使得他们能够主动拒绝权力和利益的诱惑，选择继续留在新闻行业，同时也激发他们不断地在自我的层面上进行职业反思，强化专业化的职业认知（甘丽华，2013）。我国社会城市、农村常住人口的身份设定于1958年被明确区别开来，随着城乡发展不均衡情况的加剧，"农业户口"和"非农业户口"的身份差异已经超越了制度层面，涉及经济、文化等各个方面。不同学者对影视中的城市身份认同建构、乡镇身份认同建构以及处于流动中的农民工身份认同建构等问题进行了讨论。对城市认同建构进行探讨的文章主要分析城市人群新媒体使用的自我认同、群体认同、社会认同、文化认同，表明新媒介对城市认同的形成具有重要影响（叶张翔，2017）。研究发现，新媒介构建都市形象的主要方式为构建都市媒介形象和都市不同群体阶层形象。城市的受众群体通过参与弹幕讨论表达自己的认知、理解、诠释和反应，在社交媒体社区发表评论进行协商，从而形成身份认知、共识与认同；受众通过新媒体反思自我、建立自我、感知阶层内部差异，协商出群体的身份认同（李璐，2020；陈品羽等，2019；叶张翔，2017；林春城等，2015）。

2.1.2 影视生产与身份认同研究综述

吉登斯认为，自我认同主要是通过"个体反思活动"和"参照他人"来实现。从"个体反思活动"层面出发，其核心是构造"理想中的自我"，探究如何成为自己所想要成为的人。而从"参照他人"这一层面出发，"自我认同"指放置在社会环境当中来思考，探究我与他人的关系，通过与他人的互动对话获得对自身的认同感（吉登斯，1988）。由此看来，不同群体的身份认同经历了从个体身份认同的自我认同，到寻找、建构群体性身份认同的路径。在身份认同建构的过程中，不同群体在一定的身份认同的基础上建构群体自身身份的行为实践也值得讨论，这也是本书关注的重点，即群体如何通过认同来建构自身身份，以及群体间"编码"行为的出发点、方式、结果、原因与意义。影视生产与身份认同关系密切，影视生产是身份认同与身份建构中极为重要与显著的行为方式、思维路径的体现。近年来，影视生产与身份认同关系的文献主要聚焦于对女性、农民工、港台受众以及移民问题等群体的讨论。同时，影视生产与消费主义流行、城乡差别结构形成的现实密不可分，因此，影视生产中的身份认同问题还具有群体认同焦虑与困境维度，以及如何通过影视生产表达、建构身份认同，缓解认同焦虑的行为方式的探索。

与身份认同具有差异性和同一性维度的意义相同的是，影视作品中的身份认同也具有差异性和同一性维度，形成了它的多重性、多层次性的特征。在影视作品中，差异性的身份特征能够彰显某类群体身份认同的独特性，从而建构这类群体的身份认同。对迷群的探讨就遵循这样的路径。在对影视中的迷群身份认同的分析中，多使用深度访谈和虚拟民族志的质化研究方法，对英美电视剧、仙侠剧等不同类型的影视作品，《创造101》等综艺节目、粉丝电影与应援团成员等不同迷群进行观察、分析，发现迷群具有相似的身份建构背景，即传统身份认同观被打碎，迷群以共同的爱好以及多种媒介技术的支撑为基础，在新媒介中寻求新的身份认同。不同迷群身份认同的建构路径大致相同，主要为自我寻找认同、建立群体认同到最终强化自我与群体认同。迷群的建立过程具有个体充分发挥主观能动性寻找群体认同，个体积极参与线上、线下身份认同实践活动的特点。在迷群的建构过程中，迷群身份认同呈现出分化、冲突、融合甚至消亡的流动性的特征。同时，迷群的建构与消费主义的发展息息相关，迷群往往要为投注想象的对象买单，因此，迷群不仅是一种想象的文化共同体，更是一种与偶像之间共同经营的利益共同体（邹旖佳，2020；李金芳，2020；吕品，2019；郭雷，2018；卓圆，2018；闫泽茹，2018；牛凌云，2017；王玮，2017；王玉，2016；张梦，2015；朱梦甜，2014；谭文若，2012；邓惟佳，2009）。与迷群文化群体身份建构类似的还有"趣缘群体"、潮玩玩家群体、游戏玩家群体等。这些群体也分别从自我身份认同、群体身份认同两方面进行身份认同实践，进而强化群体边界，产生明显的群体区分，最终于群体狂欢中实现了身份认同。这些群体的建构路径遵循迷群的建构方式，本质上都是将自我与异质性的他者进行区分，从自我认同上升为群体性认同（胡嘉雯，2020；高佳雨等，2019；方晓恬等，2018）。在具体的建构路径中，部分文章采用拉康的镜像逻辑的分析方式，认为影视中群体的认同与建构与将自我投射成崇拜、喜爱对象有关，凸显了影视与现实的缝合关系（邹静晨，2019；张成等，2018）。

还有部分论文聚焦于性别认同，将具有差异性的性别认同置于重要位置，通过与男性生产者、消费者的对比，讨论女性影视生产者与消费者的身份认同与建构路径。例如有学者从《乘风破浪的姐姐》等综艺节目、网络视频直播节目、电视剧出发，用文本分析、深度访谈的质化研究方法，对影视中的性别身份认同予以极强关注，深入探讨了影视生产中的女性形象刻板印象的呈现、身份建构的失语性以及新媒介对女性形象进行商品化生产与传播的问题（徐芳依，2020；王婷等，2019；马琳，2008）。

同样沿袭身份认同中的差异性与同一性的路径，陈薇等人通过分析大众传媒对于港台居民"自我"与"他者"身份定位二元框架的建构与消解，认为如今港台居民身份认同具有双重性。在港台电影的身份认同中，国族意识是十分重要的组成部分，港台居民的集体想象、文化记忆通过影视生产的手段建构了港台的身份认同与国家的身份认同（张燕，2019；袁梦倩，2017；龚瑶，2012；王雁，2011）。

除此之外，影视作品中身份认同的多层次特征，也体现了身份认同的流动性。例如，港剧中的内地人形象演变经历了从"鲜明到模糊"的身份差异、从"对立到同一"的形象差异、从"负面到正负共存"的行为差异、从"排斥到复杂"的态度差异的转变,这体现了香港居民在"香港身份"与"中国身份"之间徘徊、角力、探索的特征(任思燕,2013)。

除了积极的正面形象,影视作品中的身份建构中还存在一定的认同困境。这种困境集中于对少数族裔以及对地方族群、部分群体的身份探讨中。在国外,黑人身份认同问题是一个具有理论与现实双重意义的问题。有学者对影视作品中黑人的社会身份认同、个人身份认同、自我身份认同、身份认同融合与银幕外的身份认同等问题进行了分析,认为《绿皮书》等探讨黑人身份认同的影片存在种族与文化认同的偏差,倡导各民族与国家应该平等地参与国际事务(刘贵珍等,2020;文源,2019)。还有文章对华裔群体身份认同的复杂性与流变性进行分析与讨论。通过对李安"父亲三部曲"系列电影进行文本分析,李睿发现文化身份具有复杂性和深刻性,文化身份电影建构具有多维性,跨文化传播中身份认同也具有复杂性(李睿,2020)。文化冲突会导致华裔移民群体的价值观与身份认同发生改变,在某些情况下,会出现身份认同的融合性(郑嘉茵,2014);但在另一些情况下,文化冲突也会形成抵御性族裔身份认同,可以理解为"离散"文化的一个组成部分(黎相宜等,2013)。

除认同困境外,影视作品中还有对身份焦虑问题的探讨。在对香港电影的分析中,慈蕊认为香港电影集中体现了港人的身份焦虑(慈蕊,2015)。碎片化的、镶嵌于城市普通人的日常生活中的怀旧电影的生产折射出香港社会复杂而细腻的意识状态,以及忧思、焦虑、失落、希望等各种矛盾混杂的情绪(袁梦倩,2017)。乡镇青年、农民工群体在影视生产中的身份焦虑也是普遍存在的(王东,2020;朱文哲,2019;尹金凤,2019;朱文哲,2019;方晓恬等,2018;艾雪,2017;方艳,2015)。另有学者对20世纪90年代、

2013—2015年的青春电影中的青年身份建构进行分析，认为青春电影也存在一定的认同困境，例如影片中存在道德认同的危机、自我认同的焦虑（蔡尔妮，2016）；并且这种焦虑应该被置于一定的时代背景下进行讨论，比如在20世纪90年代市场经济转轨中，中国青年人的认同危机在影视作品中就呈现为青年人的叛逆形象、边缘形象（程昱，2011）。

影视生产是解决民族身份认同困境与缓解身份焦虑的一种重要方式，影视传播者必须采取积极的态度来应对问题、化解认同危机（蔡尔妮，2016）。在用影视生产缓解身份焦虑的方面，尹金凤等人认为，在城市中乡镇青年的影视生产已成为身份认同建构的重要场域。通过网络民族志和深度访谈的方法，乡镇青年在虚拟空间中通过归属找寻和情感连接的方式建构同一性，获取群体认同；同时，他们又以城市人为镜，通过视觉符号景观的臆想和独特的风格展演建构差异性，形成自我认同，这也体现了身份认同中的多维度性特征。乡镇青年群体通过在抖音等短视频平台上进行内容生产和传播并寻求身份认同的行为既彰显了自我价值，也对主流文化叙事构成了一种有益的补充（尹金凤，2019；朱文哲，2019；艾雪，2017）。与乡镇青年解决身份焦虑的方式相类似的，还有二元城乡结构中的农民工群体的身份认同及其解决方式。方艳认为，农民工对共同语言、城市方言的学习是二元身份的体现，以及焦虑解决、融合的过程（方艳，2015）。但是，虽然新媒体能够为城市中的新生代农民工提供心理慰藉和情感支持，但是他们通过微信建立的社交圈主要为血缘、地缘的初级社会网络，无法为他们身份认同提供关系资本，难以拓展和维系次级社会网络。身份区隔强化了新生代农民工对自我身份的感知和体认，成为他们与城市居民进行人际交往的藩篱（王东，2020；朱文哲，2019）。这样的情况也发生在青年农民工群体身上，方晓恬等人认为，新生代农民工基于社会位置建构了身份认同，但自主创造的"意义"是微弱的，最终仍旧被整合进文化工业机制中（方晓恬等，2018）。

在身份焦虑与困境的原因分析中，李洋沿袭身份认同的同一性与差异性建构思路，通过文本细读和比对分析，发现电影对身份认同的介入方式为通过特定的书写内容与形式，实现由冲突到和解、由差异到同一的过渡，建构出同一、连续、稳定的身份，达成身份认同共识。但是部分影片在建构身份认同的过程中，存在明显的结构性裂隙与空白，即借由渲染与留白共存的片面化历史书写来缝合身份的断裂，建构身份的连续；通过权威身份同化异质性身份、强势收编弱势的方式来遮蔽身份的差异，建构身份的同一。换言之，某些电影的身份书写并没有坦诚地厘清和面对历时脉络，也没有真正地理解和接受共时差异，总是在同一性中书写差异，在连续性中书写断裂。而这种表象与实质不符甚至相左的书写方式，反映的正是某些身份认同问题长期处于纠结状态的重要原因（李洋，2014）。

除表象与实质不符，刻意建构同一性之外，消费主义对影视作品中身份困境形成的影响也不容忽视。对影视作品中迷群、女性身份认同问题进行讨论的文章多对消费主义背景下流行文化物化女性、耗费钱财的商品拜物教行为进行呈现与批判（胡嘉雯，2020；邹旖佳，2020；徐芳依，2020；王婷等，2019；马琳，2008）。部分文章质疑这种流行文化中主体性生产的真实性，他们认为迷群的消费行为本质上就是一种符号消费（吕品，2019；朱梦甜，2014），这种身份建构方式有可能会导致消费虚无主义、历史虚无主义的产生（郭雷，2018；朱梦甜，2014）。在城市影视生产与身份问题的讨论中，有学者发现，受制于阶层固化与阶层分化等现实因素，城市群体的身份认同也存在一定的焦虑性特征。长期的心理重压和焦虑也相应地带来了身份认同的差序错位，大部分城市青年群体不知如何定位自我，而是处于消费主义的文化逻辑中（叶张翔，2017）。

2.2 民族身份认同研究

2.2.1 民族身份认同研究综述

族裔身份认同主要有三种形式：原生论或根基论（primordialism）、情境论（circumstantialism）或工具论（instrumentalism）、建构论（constructionlism）。原生论的提出者为克利福德·格尔茨（Clifford Geertz），他认为族裔身份来自族裔文化，并在"社会化过程"中建立起情感联系和认同，具有与生俱来、固定不变的特点（Geertz，1963）。但是社会并不是一成不变的，与原生论观点较为对立的则是情境论。情境论也称工具论，强调族裔成员的主观能动性，它不仅强调族群认同的社会性，更强调其情境性、不稳定性和群体成员的理性选择（Jonathan Y.，1981）。情境论认为经济、政治结构等族群面临的外部环境引起和决定了其认同的出现、维持与变迁，引起成员的共同立场、利益意识、制度创建和文化建构（王毅杰等，2005）。但是建构论的代表人物本尼迪克特·安德森（Benedict Anderson）则将民族看成一个"想象的共同体"，因为"民族是具有想象的，即使是最小的成员，也不可能认识大多数同胞，和其他人有着相遇的机会，或者听说过其他人，尽管是这样，他们还是会因为相互联结的意向而存在于每一位成员的心中（安德森，2005）。"建构论强调宏观社会结构因素对个体主观能动性的制约，认为族裔身份认同是在同一社会结构中在不同族裔群体之间的互动过程中建立起来的（Fredrick Barth，1969；M. Weber，1978）。族裔成员根据文化"异质性"（difference）来划分"我者"与"他者"的界限，维持族裔身份认同的界限就是"社会边界"（social boundary）的划分（黎相宜等，2013；袁娥，2011）。马克思和恩格斯基于辩证唯物主义和历史唯物主义的原则，提出了马克思主义民族观和国家观。在《论犹太人问题》《共产党宣言》《家庭、私有制和国家的起源》《神圣家族》《德意志意识形态》等文章中，马克思、恩格斯基于历史唯物主义的视角，坚持民族平等，反对民族优劣之分。在《共产党宣言》中，马克思、恩格斯认为："现存的所有制关系是造成一些民族剥削另一些民族的原因……人对人的剥削一消失，民族对民族的剥削就会随之消灭。民族内部的阶级对立一消失，民族之间的敌对关系就会随之消失"（马克思等，1956）[488]。马克思、恩格斯认为，私有制是民族殖民、民族压迫问题的根源，民族和国家都是具有历史性的概念。"各民族为达到共同目的而必须实行的和睦的与自觉的合作"（马克思等，1956）[430]，并且将民族问题放在全人类解放的视域中进行探讨："凡是民族作为民族所做的事情，都是他们为人类社会而做的事情，他们的全部价值仅仅在于每个民族都为其他民族完成了人类从中经历了自己发展的一个主要的使命（主要的方面）"（马克思等，1956）[257]。这也使得民族问题的解决拥有了共同体的含义，民族问题的解决不仅是民族共同体的解放，更是无产阶级作为全人类的共同体的解放。

具体而言，探讨民族身份认同的文献多使用深度访谈、田野调查、虚拟民族志的方法对民族身份认同的影响因素、行为实践进行分析，其中新媒体的接触、使用与新媒体内容的生产、传播作为重要研究对象，在其中发挥着关键作用。例如，在对傣族村落进行田野调查与深度访谈后，许孝媛认为社会的离散性导致少数民族群体社会组织结构分散、秩序难以维持，新媒体的出现，尤其是手机媒介、微信媒介的使用，使得少数民族能够放大新媒体的聚合功能，让新媒体扮演民族凝聚和文化认同的黏合剂，且经由新媒体使用而造成的数字鸿沟带来的社会分化对少数民族聚居区的影响较小（许孝媛，2017）。与此同时，不同学者在彝族微信群、普米族微信群中展开的虚拟民族志调研也是对不同地区少数民族身份认同进行探讨的重要方式。借助微信，个体在生活空间与网络虚拟空间之间可以自由转换，其乡村个体意识与民族认同实现一定程度的影响和交织（张媛，2018；孙信茹，2016）。陆璐认为，民族认同可以通过文化仪式传播、表达、传承，仪式的传播以及媒介的传承可以帮助少数民族构建身份认同和传承民族文化（陆璐，2016）。

与前文对于身份认同建构的分析路径一样，民族认同也具有多维度性和流动性的特征，民族认同的多维度性与流动性在新媒体的生产与传播中体现得尤为明显。民族认同中的少数民族身份与国家公民身份具有同构性。在探讨大众传媒对民族认同形成的影响时，张媛认为，大众传媒对于民族自身认同和国家认同的形成具有重大意义。一方面，少数民族影片通过大众传媒与景观、语言、仪式、历史中的少数民族的文化符号来寻求自身民族文化身份的认同，维持民族的社会秩序；另一方面，大众媒介利用地理符号、情感召唤、创造共同的集体记忆等手段来建构"中国人"的认同。经过大众传播、人际传播还有基于原生情感以及地理认同的影响，少数民族"中国人"的身份认同得以形成，在此过程中经由"母亲""家"到"国"的原型隐喻建构实现了从民族认同到国家认同的顺利过渡（张媛，2018；张媛，2014）。三亚回族也具有这样的特征，他们的身份建构同时具有内闭性和开放性的特征，通过在社会实践活动中对自己社会文化进行表达、民族身份进行建构，三亚回族不断强化着自己同时作为少数民族和国家公民的并行不悖的身份认同（张亮，2015）。

2.2.2　民族影视生产与民族身份认同研究综述

少数民族题材电影是中国电影中一种较为特殊存在的电影类型，它以少数民族的历史文化、生活习俗、民族习惯等为表现对象，丰富了中国电影的影视空间，重塑了主流观众对少数民族的想象，进而成为构建中华民族政治共同体、中华民族文化共同体以致中华民族命运共同体的重要组成部分（苏冠元，2019）。有文章从"物"的角度对影视作品进行分类，如通过对蒙古族电影中的物进行归类，苏米尔从电影审美的角度分析影片中不同类型的物对蒙古族身份建构的影响（苏米尔，2020）；还有学者从纪录片、电影、电视剧等不同题材出发，对新疆少数民族身份建构进行探讨（李贤等，2018）。

影视生产对民族身份认同的建构具有重要意义，传播是民族影视发展的必然路径，也是民族题材影视作品创作的基本目标（金丽娜，2017）。根据詹姆斯·凯瑞（James Carey）在《作为文化的传播》中提出的传播仪式观的研究取向，张方敏认为，在参与影视传播的共同仪式时，影视作品为人们建构了现实世界，以此来维系社会、固守信念。其建构的实现过程依赖于传播场域，在故事场域、观影场域和反思场域中，人们根据自身的主观经验与影视作品所展示的场景重构了社会现实，从而使影视传播达到了产生心灵共鸣、维系社会秩序、引导文化生产的目的（张方敏，2014）。民族题材影视生产也是如此，通过传播影视作品，民族题材影视生产维系了民族的社会秩序，传承了文化观念。黄敬茹认为，影视剧不仅具有娱乐消遣功能，而且在塑造社会成员的民族意识、国家意识方面同样发挥着重要作用，尤其是在边疆、少数民族地区，影视剧既是当地受众了解外部世界的窗口，又是传播主流价值观、培养各个民族的国家认同意识的重要形式和途径（黄敬茹，2021）。从影视作品的不同题材出发，有文章将人类学纪录片中少数民族形象建构为"原生态""边缘化""混杂性""本土化"这四种类型，认为人类学纪录片可以帮助少数民族减少身份的阐释焦虑，掌握形象与身份建构的话语权（梁梦丹，2018）。还有文章从影视、小说文本出发进行文本分析，认为影视可以丰富少数民族群体文化认同的维度，构建少数民族的文化美学与审美特征（张睿，2018；刘静，2015）。

在具体的建构方式分析中，有的文章与前文逻辑相同，将民族题材影视生产对民族认同的形成影响设置为两个方面的维度：一是通过影视生产表达对主权国家的认同，也就是国家认同；二是通过影视生产，表达个体对于该民族群体的各自文化的认同。在对蒙古族题材电影的身份认同及建构方式研究进行分析时，苏冠园发现蒙古族题材电影从"阶级认同"及建构方式、"文化认同"及建构方式、"文化反思"及建构方式和"中华民族命运共同体"建构这四个方面来实现对蒙古族身份的建构（苏冠园，2019）。陈连龙等以央视播出的西夏题材的影视作品为例，对其中的民族文化形象进行符号解读与文化阐述，并从历史、文化、民族三个维度深入分析影视作品建构的西夏形象，探讨西夏题材的影视作品的大众化传播如何促进民族文化的跨文化交流与传播，加强中华民族多元一体的身份认同（陈连龙等，2021）。还有的文章从微观的角度出发，从文化的角度探讨少数民族身份建构。例如，刘静从少数民族母语、仪式操演以及史诗神话作为民族记忆独特的三方面出发，探讨电影参与民族身份认同构建过程中如何发挥不容忽视的重要作用（刘静，2015）。李贤和王亚军则将新疆少数民族的形象建构路径分为"他者塑造"和"自我建构"，认为刘湘晨等导演在创作新疆少数民族纪录片时遵循了"关注记录，不去干涉"的原则，能够更加本真地还原少数民族的真实形象及表现内容（李贤等，2018）。

在20世纪90年代，中国整体知识、文化、政治转型后，部分文章认为少数民族电影中身份认同危机切实存在且较为严重（刘安，2016；刘静，2015；马可等，2020）。马可等人认为，回族身份建构受到了全球化的冲击、现代化的同化、媒介化的异化，导致形象建构时遇到了日常生活中的隔阂与疏离、文学影视作品中的误读与边缘化、新媒介中的污名化与失语等问题（马可等，2020）。刘静认为，少数民族身份认同危机的影视化表达集中在三个维度：族群聚居的故乡美景不再，民族记忆被遗忘；旅居他乡的族裔民族身份合法性含混不清；存在民族认同危机与自我同一性混乱的双重威胁（刘静，2015）。刘安发现，少数民族身份建构存在着与国家和市场经济之间认同的裂痕。首先，国家话语下少数民族电影中的身份认同，在功能上延续着主流意识形态表述的同时，其内在的精神内涵已发生改变，并且在国家主导文化和少数民族文化之间已存在着一种紧张关系，是一种有裂痕的身份建构。同时，在当今中国社会日益资本化、全球化的文化现实里，少数民族身份在跨地区、跨文化的对话中，以易于辨识的"原生态"差异性作为主要的身份符号被生产出来进入市场，而这种生产不断固化着对少数民族片面化、风情化的想象，其结果就是更加难以获得有效的身份认同（刘安，2016）。现代媒介的传入使本身处在文化边缘的少数民族群体进入了大众的视野，关于他们的文化形象及民族个性都被商业化地改写。王艺潼认为，这是少数民族文化被其他文化同质化的表现，也是少数民族对自身文化的认同感的迷失（王艺潼，2020）。过度商业化运作确实对影视生产造成了一定影响，导致部分影视作品存在对少数民族形象进行刻板印象的呈现和污名化描述的现象（孟帆，2020）。在对藏族电影与身份建构的关系进行分析时，巩杰发现藏族导演万玛才旦的刻意隐喻与松太加质朴自然的情感流露都体现出在现代化进程中少数民族导演的自我身份认同和对民族文化的焦虑和隐忧（巩杰，2019）。从《静静的嘛呢石》，到《寻找智美更登》《老狗》，再到《塔洛》，万玛才旦导演几部影片的共同点是从文化的内核出发，去言说遭遇现代性之后的传统文化以及民族文化何去何从的问题，这一系列影片不仅从个体或群像的角度挖掘身份认同背后的文化意义，更重要的是导演从文化持有者的内部眼光聚焦藏族的身份认同、情感认同与审美表达问题（周媛等，2018）。

大多数电影创作者在表达对民族生存发展忧思的同时，也在积极探索建构当代少数民族身份认同的合理路径。作为一种球土化视阈下的深刻反思，在全球性－全国性－区域性－本土性的地理空间套层结构中，电影如何更加真实地编写少数民族空间文化和审美共同体，是一个需要创作者不断探索和实践（巩杰，2019），需要学界不断探讨和争鸣的议题。阮青认为，在构建全球化语境下少数民族形象时应摆脱以往迎合猎奇、探秘的欣赏趣味和解密式的审美趣向，摒弃对民族风情的简单再现和生硬搬演，展现少数民族优秀文化（阮青，2014）。马可等人认为，应该抓住全球化时代大背景，在"一带一路"建设契机下合理并充分利用各种媒介优势建构积极的回族媒介形象建构、建构真实的民族文化身份认同，是加强民族团结、促进中国优秀传统文化繁荣复兴的重要环节（马可等，2020）。

外国学者亦有文献对本国不同民族（种族）如何在影片中进行民族认同与身份建构的问题进行论述。民族身份的建构是动态的、结构化的，是对后殖民全球化的影视再现。有学者从拉丁裔女性在电影、新闻报道等媒介中形象的商品化出发，认为影视在利用少数族裔女性的身体来建构国家认同（Guzmán，2006）；在对詹姆斯·邦德（James Bond）系列电影进行批判话语分析时，文章认为邦德电影通过对俄罗斯人添加负面标签、刻板印象化将其建构为他者形象，体现了美国对苏联、俄罗斯的语言和文化霸权（Lawless，2014）。在美国，影视中黑人的民族认同问题也是文章讨论的关键。有文章指出美国黑人青少年的种族身份认同可以调节、削弱影片中的暴露行为与黑人青少年实际性行为，但是不能减弱他们的攻击性和酗酒类行为（David，2011）。通过对20世纪90年代黑人动作片中黑人男性身份构成在影视作品中呈现的论述，有文章认为，好莱坞电影中与黑人男性相关的动作片都具有与贫困、犯罪、暴力等元素相关的剧情，黑人男性角色常常被置于贫民窟中，虽然一定程度能通过影视资料提高人们对积极变革的认识和政治压力，但影片制片人却时常因为资本与政治的原因塑造了黑人刻板的荧幕形象，黑人男性身份认同在电影中只有两个出路：对白人占主导地位的政治体制的明显不信任，以及出现自暴自弃与种族仇恨心理（Chan，1998）。影视作品也带来国家认同的消解以及对民族身份建构的强调。随着苏格兰独立运动、威尔士独立运动的进行，英国民众对撒切尔主义遗留的君主立宪制和英国国家意识形态宰制的质疑日益加深，造成英国不同地域国家认同的情感衰退。文章认为，以电视、电影为代表的影视资源的传播，在英国民众对英国国家认同的消解过程中起到了重要作用（Richards，1997）。

2.3 彝族题材影视生产与身份认同研究综述

现有对彝族题材影视生产与身份认同的分析多集中于对彝族影视人类学纪录片、电影作品中文化仪式与身份认同的讨论。在这部分讨论中，既包括对彝族影视如何正确构建彝族身份的探讨，也包括分析彝族题材影视作品如何体现彝族身份认同的困境。

彝族的影视人类学作品众多，影视人类学为彝族题材影视作品的生产和传播作出了重要贡献。朱靖江将人类学影视民族志划分为学理型影视民族志、描述型影视民族志、表现型影视民族志与应用型影视民族志四个基本类别（朱靖江，2013）。其中，庄孔韶于2002年与丽江广播电视局合作完成的纪录片《虎日》，记录了云南省宁蒗县彝族自治县三个家族的禁毒盟誓①现场，是国内有代表性的应用型影视民族志之一。2007年由杨蕊担任导演，田壮壮担任制片人的影视人类学纪录片作品《毕摩纪》记录了凉山彝族自治州三位大祭司——招魂毕摩、咒人毕摩、毕摩村长的生活现状，这部作品可以被划为表现型影视民族志作品。梁君健从拍摄手法的角度分析了《毕摩纪》中导演选择的长镜头叙事、固定机位拍摄以及非参与式观察法如何使这部非典型纪录片充满诗性和文化传承内涵（梁君健，2010）。

作为一门蓬勃发展的学科，影视人类学在彝族纪录片创作与普

---

① 彝族盟誓是在毕摩主持下，当事的双方或多方订立誓约的一种巫术形式。历史上，彝族民间盛行盟誓之术，且重要的事项须由毕摩主持。彝族生活中无论是分宗联姻、联合对敌、宗族合盟，还是个人间的重大事项，都必须由双方或多方订立誓约，以结同心。盟誓分为两种，一种是人与人之间的盟誓，另一种是人与祖先神灵之间的盟誓。

及中发挥了理论与实践的双重重要作用，并在其中基于家支与文化的民族认同，建构了彝族的民族身份。人类学纪录片《虎日》堪称其中经典。面对云南省宁蒗彝族自治县 2001 年下半年吸毒大面积反弹的情况，金古家支（宁蒗县人数最多的家支）决定利用传统文化资本，尤其是利用家支对彝族人的重要意义来解决现代社会的问题，并再一次实施禁毒盟誓。之所以用家支制度解决吸毒问题，是因为"凉山彝族家支成员通过接受家支文化的教育和熏陶，能够不断适应和调节家支文化的行为规则和习俗礼制，增强家支意识和家支观念，遵从家支成员之间或家支成员与姻亲家支成员之间的交往和言行规则"（刘正发，2007）。家支教育及仪式实践对家支内部生活的个人影响重大，是凉山彝族文化不断传承的原因和表现，彝族社会素有"猴子靠森林，彝人靠家支"的说法。2002 年 5 月 21 日下午，"三个家族头人代表激昂的演说过后，头戴（斗笠）法帽、身披法衣、受全族人尊敬的'毕摩'出现了。下午，他诵读古老的彝文经文。在毕摩严厉的咒语声中（会场有家支长老组成的禁毒委员会的监控），20 个吸毒者喝鸡猪血拌的'黑血酒'盟誓，随后每人分别把酒碗摔碎，意为他们吸毒的过去在破碎的碗中随毕摩的咒语慢慢远去（见《虎日》戒毒者饮黑血酒和砸碗的镜头）。在仪式中，吸毒者不是罪人，仍是同胞弟兄姐妹，是处于决心戒毒、盟誓以重新做人的角色"（庄孔韶，2005）。此次禁毒活动成为中国戒毒成功率最高的范例，并为影视人类学带来了新的理论和实践意义（庄孔韶，2005）。这一仪式在彝族社会中起到惩戒、凝聚、赋予人们生命力以及欢娱的作用，并探讨了彝族传统的文化认同、心理认同、地域认同等在处理现代社会问题时的重要意义（姜玮玮，2008）。

除《虎日》等作品外，另有学生将彝族题材影视作品创作记录、整理成论文,探讨文化仪式与彝族身份认同的关系。如昆明理工大学的几届毕业生在毕业论文中将撒尼人歌舞传承(谌舒雅,2017)、"密枝节"仪式(刘操,2016)、彝族口传史诗《梅葛》(耿健,2018)、《阿诗玛》的国家级传承人(田聪,2016)、工业生产对彝族传统手工业服饰制造的影响(宋鸽,2016)、撒尼人刺绣(赵冬晓,2017)和文山州花倮彝文化(杨白苹,2016)等纪录片的创作过程写成论文。值得注意的是,有学生利用先进虚拟现实(Virtual Reality, VR)影视技术理论,加之 Unity3D 引擎设计实践,创作名为《彝乡钩沉》的虚拟现实影视,并发布到安卓终端平台。"《彝乡钩沉》VR 影视创作通过结合实地拍摄的全景影像和图片、史料,利用 PTGui、Unity3D 等软件高精度地还原黑井古镇,通过虚拟现实影视技术展示民族文化,在民族文化的传播和保护都具有重要的现实意义和广阔的应用前景(郭悦,2018)",可谓新时代下利用虚拟现实技术创作彝族影视作品,传播民族文化的范例。在这些作品中,生产者力图缝合彝族身份认同中传统与现代、自我与他者的二元对立结构(徐丽娟,2019)。

此外,多篇文章以具体电影(如《阿诗玛》《花腰新娘》)为例,分析彝族题材影视作品不同历史阶段的不同叙事特征、美学风格,也包括穿衣和服饰(尹爱华,2011)、海菜腔等独特音乐风格对建构民族身份的影响(涂盛,2011;任妍,2010)。在此文化场域中不仅包含彝族和其他族群、彝族和国家的想象性关系,包含彝族如何建构民族身份,更包含彝族在全球化浪潮中的定位,进而阐释彝族如何用影视作品对"想象的共同体"的民族身份进行自我建构(牛静,2018;李淼,2013;涂盛,2011;邹华芬,2009)。在 1961 年的影片《达吉和她的父亲》中,被汉族奴隶主掳去为奴,由彝族奴隶收养的汉族小孩达吉与汉族亲生父亲相认,在中华人民共和国成立后告别阶级压迫的新时代，三人突破了民族、血缘的限制，组成了一种具有社会主义形态的三人新型家庭。达吉具有了汉族、彝族的二重身份，这种自我身份建构和统一多民族国家的意识形态息息相关（李奕明，1997）。

彝族影视人类学作品在增强彝族身份认同、让彝族文化"走出去"中发挥重要作用，但也有很多文章对彝族题材影视作品是否能够正确建构彝族身份持否疑态度。有文章从影视人类学非虚构特征出发，批判影视人类学创作存在摆拍和对拍摄对象带来不良影响的现象。通过对比由中央电视台、楚雄州电视台联合摄制的《双柏"老虎笙"》和楚雄电视台制作的《老虎笙》两部纪录片，并对楚雄双柏彝族村落进行田野调查，谢玲认为"影视介入到少数民族社区中，为留存下珍贵文化遗产而实行记录，但实际上多数情况下影视却破坏了受访区域，影视阉割了地域"，深刻揭示了影视人类学有时在他者的眼光中异化被拍摄群体，并使被拍摄群体用异化的内容重新建构自身生活的媒介暴力行为（谢玲，2009）。在对已拍摄的彝族纪录片进行影视人类学的学术反思时，陈学礼立足石林县撒尼人的影视生产，反思民族志电影的制作者与被拍摄者之间的不平等关系，以及所谓"真实性"和"客观性"如何影响和建构制作者与被拍摄者之间的不平等关系，提出"村民－社区影视"的另一种叙事方式，试图消解看与被看的关系（陈学礼，2015）。

从性别研究的角度出发，很多文章提到了彝族影片中的性别形象设置与身份认同问题。《阿诗玛》《花腰新娘》《奢香夫人》《绝代—末代女土司》等多部影片均对彝族女性形象进行细致刻画，"在以往的少数民族题材电影中，女性一直作为'被看'的对象，而被固化甚至符号化为⋯⋯完美的形象，这样的形象基本上汇集了中国女人所有的传统的和现代的美德。电影中的她们，往往承担着温柔、浪漫的景观义务,而并没有作为一个开放型空间的完整话语符号被注视。进入新世纪以来,随着阶级矛盾、民族解放作为主要矛盾的退场,少数民族的女性也开始从革命时代的秩序中解脱出来,展露出族群身份和性别特征"(张玉,2016),并开始凸显其自我意识(李颖,2010),但是最终却无法脱离被建构和"凝视"的命运,无法脱离家庭的束缚(邹华芬,2009);男性形象则表现为:"在全球化这个语境之下,新世纪少数民族题材电影中的男性形象相较'十七年'和'新时期'这两个阶段所呈现的阳刚、坚强、立场鲜明等特征之外,更多的是在现实面前所承受的来自精神和肉体的双重焦虑,以及在现代化面前,在故土和城市之间徘徊的迷茫又复杂的心态"(张玉,2016)。

亦有论文认为某些彝族影片对彝族身份认同的建构受到后现代文化和消费主义文化的影响。这些过度商业化的影视生产造成了彝族形象刻板印象的产生,从而影响了彝族的身份认同以及生活、生产实践。通过对《阿诗玛》等充满歌舞元素的彝族电影进行艺术属性赏析,有文章认为此类民族电影展示了彝族地区独特的文化风格,如着装的独特性(宋鸽,2016;庞小条,2011);充分体现出了民族电影的魅力(吴丽,2014)。但也有文章认为,从影片创作的角度来看,彝族电影被创作者、受众误读,变成"缺席的在场者"、"被娱乐化"、受后现代文化影响严重(马曼书,2014)。比较典型的当属著名影片《阿诗玛》对石林县经济发展以及对撒尼女性自身形象建构的影响。由于"主流社会对'阿诗玛'的大力度的塑造与宣传"并且"在与众多民族交往的过程中,作为不同民族成分的彝族撒尼人需要对某一文化要素的强调与认同来区分'彝族撒尼人'与'非彝族撒尼人'",进而确认自己的民族身份,使得"'阿诗玛'的形象符号变成撒尼女性形象的标签加以复制传播和宣传……经过长期的发展之后，'阿诗玛'形象渐渐地掩盖了撒尼女性形象的多元文化内涵，甚至让当地撒尼人自己都以这一形象符号作为他们的形象标准"（吴桂琴，2012）。并且从传播政治经济学批判的角度来说，《阿诗玛》作品的生产过程极其缺乏了解撒尼文化的专业人士的参与。"'阿诗玛'多是从客位的视角和立场来进行整理和塑造的……电影《阿诗玛》从编剧到演员都是由外来人对关于撒尼民间阿诗玛的故事的改篇与制作，而撒尼人自己在整个影片（创作）中并没有出现"（吴桂琴，2012）。国外拍摄的彝族纪录片同样值得引起重视。电影《花腰新娘》在文化工业消费市场中也受到质疑。电影的成功放映打响了石屏县花腰彝的知名度，但是电影中的女性形象设置却一改花腰彝女孩子内敛恬静的性格，塑造了一个相对"粗鲁"的女主角，她的种种举动引来当地受众的不满。对于所谓的"野蛮"形象，制片方作出如下解读："导演章家瑞坦陈，2002年的韩国电影《我的野蛮女友》（*My Sassy Girl*）给他很大震动……此时，他刚好看到一则消息，说云南一支彝族女子舞龙队击败众多男子队而获得冠军，于是他就想据此打造一部彝族版的《我的野蛮女友》，为此他还一度考虑邀请主演《我的野蛮女友》的韩国女影星全智贤加盟。《我的野蛮女友》用一种大胆、夸张的手法，打破了传统影片的叙事模式，塑造了一个野蛮、泼辣，但同时也独立、坚强的现代女性形象，在影视界掀起一股'野蛮'风潮，一系列同类型的影片不断涌现"（朱凌飞，2007）。可想而知，"野蛮形象"其实是消费主义全球化的产物，此类代表现代女性形象的影片由于打破了对过往女性形象设置的桎梏而在传播初期受到好评。"野蛮女友"经由商业资本进行大面积复制，不同国家的导演生产出不同时代、不同环境背景下的"野蛮女友"，实际上是资本为吸引流量进行生殖而生产的单一化的、充满同一性的商品。凤美的

"野蛮"脱离了花腰彝的性格特征，成为被他者想象而塑造的形象，她没有脱离消费主义和资本全球化的逻辑，却脱离了真实建构彝族形象的应有之意。除此之外，电影将新房安置在楼上也违背了花腰彝的传统习俗，这侵犯了花腰彝界定人神（祖先）关系的信仰，尤其引起了花腰彝老人的不满、愤怒，以致众人联名向县委宣传部反映要求修改这一情节（朱凌飞，2007）。

综上，作者发现，以往论文中对身份认同的建构呈现出一定的差异性、同一性以及流动性，且具有性别、阶级、民族等多种维度。新闻传播学中的身份认同理论以女性、少数民族等群体为主要研究对象，尤其关注影视生产中和新媒体领域中的身份认同及建构方式。影视生产中身份认同的建构也存在一定的差异性、同一性，影视生产者不仅可以通过影视生产来建构不同群体对身份认同的焦虑，还可以通过影视生产缓解这种认同焦虑。对于民族题材影视生产来说，民族题材影视作品一般建构了国家认同和民族身份认同这两个维度的身份认同。民族题材影视生产也存在身份认同的危机，危机主要来源于全球化、现代化对少数民族造成的影响和媒介的异化等方面，使民族身份认同在影视作品中被刻板印象化和污名化。

彝族题材影视生产与身份认同的探讨多集中于凉山和石林县，这两个地区关于彝族身份认同的文献数量较多，两个地区也生产了较多的彝族影视人类学影片。彝族影视人类学在建构彝族身份认同，尤其是民族认同维度中发挥了重要作用。影视人类学聚焦于文化仪式、日常生活，体现了彝族家支制度等社会机制在彝族社会中的作用。但是也有文章对影视人类学对身份认同的呈现持否疑态度，比如有文章认为，部分彝族纪录片存在异化被拍摄群体的媒介暴力行为。同时，彝族商业电影受到了消费主义、商业资本的影响，其身份认同的建构也出现了某些偏差。

这些文献启发作者，在进行彝族题材影视生产与身份认同的分析时，为了尽可能地呈现出较为客观、真实的身份认同，首先应从彝族人自己生产、"自我建构"的影视作品出发，探讨彝族人通过影视作品进行言说、表达的身份认同究竟是什么。其次，在进行彝族题材影视作品的内容分析时，应该重视影视作品中对彝族文化仪式、日常生活、社会机制等方面的呈现，这些都是彝族题材影视生产者表达身份认同的重要领域。再次，在进行彝族题材影视作品的生产分析时，应该重视不同影视作品的媒介类型，尤其是新媒体平台对彝族题材影视生产与身份认同的影响。最后，国家的政策方针与市场的商业元素可能会影响影视生产者，对彝族题材影视作品进行分析时，也应该考虑到这两方面的因素对其身份认同建构的影响。

第3章
研究设计：对彝族题材影视作品及其生产者的质化研究

 3.1 理论框架

3.1.1 马克思主义视域下的物与身份认同的关系

马克思和恩格斯基于辩证唯物主义和历史唯物主义的原则，提出了马克思主义民族观和国家观等身份认同观念。马克思主义的身份认同是一个互动的、流动的过程，并且将对阶级问题的解决置于民族共同体、阶级共同体和全人类共同体视角中进行讨论。正如吴晓明所说，在进行马克思主义的分析时，一定要进入社会现实的领域中（吴晓明，2017）。在马克思主义的基本观点中，认同是一个具有互动性的概念，内含着丰富的社会关系，既有压迫与反压迫、殖民与反殖民的维度，也有无产阶级通力合作进行社会变革的维度，等等。因此，在分析认同问题时，一定要对具体的生活现实、生产现实进行深入了解,"而不是局限于单纯主观的'应当'"(吴晓明,2017)。

马克思、恩格斯将特定所有制体现的生产关系当成身份认同构成、身份问题产生的本质原因(马克思等,1956)[461-504]。本书在进行理论论述的一开始就引入"物"的维度和视角,是因为马克思、恩格斯对生产关系的分析,无法离开对作为特定社会关系的反映的物的探讨。在马克思主义者看来,物不仅是具体的具有价值和使用价值的物,还是社会关系、生产关系最重要的载体之一。对具体的物品的态度从来都不是只对这一个物品、这一类物品的占有,而是体现了背后的生产关系、意识形态和社会结构,也体现了人在社会中希望自己处于的位置以及从属性,即人在社会中的身份认同。因此,本书将物的维度和视角作为身份认同研究的切入点,在具体的物及其背后的社会关系中,研究彝族题材影视生产及其对彝族身份认同的建构。

3.1.1.1 经典马克思主义中对物与阶级身份认同的理解

在1841年召开的第六届莱茵省议会会议上,贵族等级的代表提交了一个新的《林木盗窃法》,要求凡是擅自在贵族地主的森林中采摘野果或拾捡枯枝的行为一律以盗窃林木罪论处,触犯者不但要承担刑事责任,而且要赔偿林木所有者的经济损失。马克思为此写下一篇很长的评论,分5期登载于1842年10—11月《莱茵报》的附页上,这就是《第六届莱茵省议会的辩论(第三篇论文)——关于林木盗窃法的辩论》(彭五堂,2011)。在这篇社论的最后一段中,马克思将林木之于贵族比作古巴野人眼中的黄金(马克思等,1956)[290]。在这里,对林木这一具体的物的占有,体现的是私有制关系对普通人民的剥削,这意味着马克思社会现实批判的物质利益转向的开始。在马克思看来,对待物的不同态度和行为方式体现了

第 3 章 研究设计：对彝族题材影视作品及其生产者的质化研究

阶级的从属性及认同关系。在《1857—1858 政治经济学手稿》中，通过考察固定资本和流动资本背后的生产关系，马克思认为："经济学家把人们的社会生产关系和受这些关系支配的物所获得的规定性看作物的自然属性，这种粗俗的唯物主义，是一种同样粗俗的唯心主义，甚至是一种拜物教，它把社会关系作为物的内在规定归之于物，从而使物神秘化"（马克思等，1956）[202]。这里对物的崇拜既是一种"遮蔽"又是一种"错认"。人与人之间不平等的剥削关系被掩盖在物与物的关系背后，并被赋予自然属性的意义，通过物的现象呈现出来。物本是由人创造的，却获得了独立于人的"神秘形式"，这也是不平等的生产关系和异化逻辑的体现。资产阶级在私有制的条件下，对具体物品的占有，经由法律等上层建筑体系与所有制关系的经济基础的认同，表明了自己的阶级身份以及充满阶级认同感的身份认同。

当具体的物作为商品出现后，物获得了生产关系维度的意义，这种身份认同和构成规定则显得更加隐蔽。马克思认为，以桌子为例，就桌子的使用价值而言，它没有任何神秘的地方。可是"桌子一旦作为商品出现，就变成一个可感觉而又超感觉的物了"（马克思，2004）[87]。它的奥秘在于："商品是在人们面前把人们本身劳动的社会性质反映成劳动产品本身的物的性质，反映成这些物的天然的社会属性，从而把生产者同总劳动的社会关系反映成存在于生产者之外的物与物之间的社会关系"（马克思，2004）[89]。在商品和货币形式的物的形式中，生产者的私人劳动与社会化大生产之间的关系被遮蔽起来，生产者与产品所有者的生产关系，尤其是剥削关系，也被遮蔽起来。

除遮蔽与解蔽外，转换的逻辑也非常重要。物的物理性质，即它的使用价值以及决定使用价值的具体劳动，并不会决定商品的价格。但是在商品形式面前，劳动的社会性质被转换成物的天然属性，生产关系被转换成物与物之间的社会关系。马克思对拜物教发生的历史进程的描述符合社会三形态说。在《1857—1858年经济学手稿》中，马克思从经济关系与人的发展的角度提出了三形态说："人的依赖关系（起初完全是自然发生的）是最初的社会形态，在这种形态下，人的生产能力只是在狭窄的范围内和孤立的地点上发展着。以物的依赖性为基础的人的独立性，是第二形态，在这种形态下，才形成普遍的社会物质变换、全面的关系、多方面的需求以及全面的能力的体系。建立在个人全面发展和他们共同的社会生产能力成为他们的社会财富这一基础上的自由个性，是第三形态。第二形态为第三形态创造条件。因此，家长制的，古代的（以及封建的）状态随着商业、奢侈、货币、交换价值的发展而没落下去，现代社会则随着这些东西一道发展起来"（马克思等，1956）[204]。马克思认为："只有当物质生产过程是自由联合的人的产物，处于人的有意识有计划的控制之下的时候，它才会把自己的神秘纱幕揭掉"（马克思，2004）[97]。由此可见，人的历史就是物恋的历史，而社会生活及物质生产的历史就是拜物教存在的历史。在人的依赖关系下，"人们在物质生活生产过程内部的关系，即他们彼此之间以及他们同自然之间的关系是很狭隘的。这种实际的狭隘性，观念地反映在古代的自然宗教和民间宗教中"（马克思，2004）[97]。而"以物的依赖性为基础的人的独立性"的社会中，因为这种社会形态已经形成了普遍的社会物质（商品）交换，因此这种社会形态指的是商品经济高度发展的资本主义社会（俞吾金，2011）。而只有在人自由而全面发展的社会中，物的神秘性才会消失不见，人生产的劳动产品才不会以异化的形式反过来统治人，物所体现的所有制关系以及阶级认同关系才会被打破。

3.1.1.2 西方马克思主义中对物与现代性身份认同的理解

社会主义社会中虽然已经不存在阶级关系，但是在市场经济中，在充斥着大量商品的消费社会中，对物的占有与崇拜依旧存在。此时物已经作为商品存在，对商品的生产、流通、消费成了一种带有意识形态的消费者的身份认同实践，且呈现为一种分裂的态势。在西方马克思主义代表人物居伊·德波（Guy Debord）生活的年代，世界的联结性愈发紧密，并形成"景观"趋势。"景观"是德波提出的重要概念。在《景观社会》开篇中，德波就作出"整个社会生活显示为一种巨大的景观的积聚（accumulation de spectacles）"（德波，2017）[3]的判定，将景观作为现代社会主要的再现（représentation）方式，提出"建立在现代工业之上的社会……本质上就是景观主义社会"（德波，2017）[7]。这种表现的独特性在于，它变成了"自主化"的"非生者（non-vivant）的自主运动"，具有脱离人的操控自主展开其含义的特征，因此媒介图像的景观呈现极可能只能反映部分事实，甚至和真相有所出入，具有意识形态的虚幻性。在对景观基本属性的规定上，德波认为景观是传播"滥用的目光和虚假的意识的场所"（德波，2017）[3]，景观变成一种对人的凝视，变成一种静止的唯心主义，变成意识形态的统治。景观以其"对真实生活的穷困化、奴役和否定"，成为"最杰出的意识形态"（德波，2017）[136]。因此，景观对于社会实践的表现不仅是垄断性的，还具有遮蔽和欺骗性的意义。景观生成于物化的商品社会，拜物教用图像遮盖了不平等的人和人的社会关系，即剥削关系。因此，在私有制的条件下，人生产的景观反过来作用于人、凝视着人，甚至统治着人的意识和行为。德波认为，在物化的世界里，"世界的整个时间和空间对于生产者来说都变得形同异域"（德波，2017）[14]，时间被"暴力征用"了,劳动者的生产、消费时间通通变成创造剩余价值的时间,让人形成狭隘的时空观认识,使得世界失去统一性,再也无法完成黑格尔对象化意义上的对世界异质性的同质性划归,使得身份认同在景观社会、商品社会的影响下变得更加分裂。

同样是观察商品社会,鲍德里亚(Jean Baudrillard)与马克思分别站在"丰盛型"社会和"匮乏型"社会的两端。在《符号政治经济学批判》中,鲍德里亚从符号切入对消费社会的观察中,他认为"对于消费理论中的拜物教徒、市场的策划者们以及消费者们来说,物在任何地方都是作为某种力量(幸福、健康、安全、荣誉等等)的承载而被给予和接受的……以至于我们忘记了最初与我们打交道的其实是符号:一种被一般化了的符号的符码(code),一种完全任意的差异的符码"(鲍德里亚,2015)[104-105]。在鲍德里亚眼中,拜物教应该是"能指的拜物教","拜物教所揭示的并不是对于实体(物或者主体)的迷恋,而是对于符码的迷恋,它控制了物与主体"(鲍德里亚,2015)[106]。相对于马克思所处时代的生产匮乏和韦伯在《新教伦理与资本主义精神》资本原始积累时期社会奉行的勤俭,在鲍德里亚所处的法国社会,物质丰富、生产过剩和消费盛行变成资本主义社会的新形态,"符号价值"成为鲍德里亚丰富马克思主义价值体的第四个维度:"然而由此同样必要,同样被一般化的过程忽视了——这一过程既没有颠覆生产,也不是作为生产的留物,或是生产的一种延续:它是一个广泛地将经济交换价值转换为符号/交换价值的过程"(鲍德里亚,2015)[141]。并且通过大众媒介的拟像(simulacre),引起无数消费者模仿,使消费者获得具有意识形态性质的满足感,陷入被安排好的生产秩序之中(鲍德里亚,2015)[149]。受麦克卢汉"媒介即讯息"影响,鲍德里亚认为我们所消费的,"就是根据这种既具技术性又具'传奇性'的编码规则切

第3章 研究设计：对彝族题材影视作品及其生产者的质化研究

分、过滤、重新诠释了的世界实体"（鲍德里亚，2014）[115]。他利用符号的"编码"和"解码"来解构"消费社会"所具有的意识形态内涵，探析消费如何像"原始社会的等级或宗教礼仪所做的那样"，"只身替代一切意识形态"并使社会一体化（鲍德里亚，2014）[78]。鲍德里亚将对作为商品的物的占有与消费当成了一种对于符号的意识形态的消费，在这种消费中，物作为某种意识形态，如幸福、健康、安全、荣誉等的承载而被给予和接受，人获得了相应的作为市场经济中消费者的情感依附、身份认同感，也彰显了这个社会的社会结构。

如果说经典马克思主义者对物包含的生产关系、大部分西方马克思主义者对物包含的意识形态关系曾进行深入探究，那么同时期的哲学家本雅明则更加关注照片、电影等与日常生活息息相关的事物，并尝试运用夏莹等学者认为的"意象拜物教"对大众文化工业进行历史唯物主义的分析。本雅明在《机械复制时代的艺术作品》以及未完成的《巴黎拱廊街》等系列著作中系统阐释了自己历史唯物主义的艺术批判理论。本雅明将自己对理性主义的批判融入对摄影、电影等因技术发展带来变革的媒介批判中，强调艺术的历史性、无产阶级受众的主体性、时空转变带来的民主化。本雅明认为，摄影等媒介技术发展带来了资本主义的文化危机，艺术品能够进行再生产，同时也是生产关系的再生产。作品中暗含的无意识被摄影这种媒介手段所揭露，其作用是为现实去神秘化、具体化客观现实，并促进媒介商品化和媒介景观的出现。在对具体的物的分析时，本雅明提出了"灵韵（aura）"这一概念，并认为灵韵出现意味着物品的"时空独特性"的消逝，是一种时空观念的转变，意味着实时和延时取代了过去、现在、将来的传统，意味着艺术品从具有崇拜价值变成具有展览价值。艺术品"随处可见""即刻接近"

的时空转变带来了民主化的发展,媒介因"分心"带来的感官震撼的特征造成了大众批判的可能性。

本雅明对"巴黎拱廊街"中的奇观化景象——庞大的商品堆积和其中的闲逛者——情有独钟。本雅明发现,有产业的资产阶级原本是抗拒被人控制的,但如今他们却开始疯狂控制、占有"物":"他们似乎把永久保存自己日常用品的痕迹当作一桩光荣的事情,资产阶级乐于获得作为一个物品主人的形象"(本雅明,2006)[107]。本雅明游历在巴黎的奢侈品市场里,看到了资产阶级成为自己曾经反抗过的异化主体及对物这种无生命体的移情,实地观察商品拜物教对消费社会的控制。他看到了"世界博览会成为商品拜物教的朝圣之地","时尚规定了商品拜物教所要求的膜拜仪式"(本雅明,2006)[12-14]。本雅明突破当时对进步主义历史唯物主义的教条化解读,认为信仰会在唯物史观中实现救赎,"……揭示了资本主义生产的基本状况,并通过对这种基本状况的描述使人们由此看到了资本主义的未来发展,即资本主义不仅越来越增强对无产者的剥削,而且最终还创造出消灭资本主义本身的条件"(本雅明,2006)[47]。就像吴琼指出的,"如果说马克思的拜物教批判重在生产的逻辑,后来的鲍德里亚重在消费的逻辑,那本雅明所发展的就是居于中间的环节:奇观化。既是商品生产的一个环节,也是拜物式消费的对象"(吴琼,2014)。这里,具体的物和作为商品的物背后的意识形态变化了,虽然对物的消费与占有依旧是作为消费者对景观社会、商品社会的身份认同,但是比起经典马克思主义者和其他西方马克思主义者对物化世界的激烈批判,本雅明对商品社会的态度以及对这种从属的身份认同的态度则显得较为平和和接受,并认为这是一种通向未来变革的可能路径。对此,夏莹认为,本雅明的"意象拜物教"有别于德波的"假象拜物教",意象拜物教"解释的是这个被物品占据的世界,和对物化的表象本身包含着抵抗这种物化的内在力量,就如废墟的意象,上新天使眼中的当下世界,却也是可以被拯救的世界"(夏莹,2012)。

综上,沿袭马克思主义者对物的探讨,本书认为物不仅是一种具体的实体(entity),更是一种具有价值、使用价值的商品,反映着特定的社会关系。在具体的社会形态中,人对物的使用、购买、占有实际上是想要通过物来指认自己的位置,明确自己在所有制结构中、社会结构中以及意识形态中从属于哪些群体。因此,物的生产、消费、流通均通过意识形态、所有制关系体现出了某群体的身份认同,这是本书的理论框架。此外,在使用马克思主义基本观点进行身份认同的探讨时,要注意区别"批判"与"接受"的维度。不同马克思主义者在对物的分析中呈现出不同的态度,有些学者倾向于批判特定的所有制社会与社会结构、意识形态中的物与身份认同;而以本雅明为代表的学者则倾向于认为,对物的消费虽然确认了某种不合理的身份认同,但是这也指向了一种社会变革的可能性。从历时性的角度来说,对不同群体身份认同的探讨可能会经历不同所有制、社会结构和意识形态的变化;从共时性的角度来说,对同一时间点的同一群体不同类别身份认同的探讨可能也会有不同形态,这些可能会体现在对物的使用、需求和生产、流通中,这也是本书在分析时需要关注的重点。

3.1.2 影视中的物与身份认同的关系

3.1.2.1 影视作品、物与身份认同

通过镜头,影视作品往往会拍摄大量的物。从马克思主义的基

本观点出发，影视作品对物的呈现也体现了特定的所有制关系、社会结构以及意识形态，是拍摄者眼中拍摄对象对自己的身份与在社会所处的位置的认知。如果此时拍摄者和拍摄对象拥有相同的身份特征（如彝族影视生产者的拍摄对象也是彝族人），那么拍摄者就是通过影视作品来建构自己的身份认同，属于"自我建构"，它在影片对具体物品呈现，是大抵符合该群体身份认同逻辑和文化习惯的，也是大抵符合这个群体背后的所有制关系、社会结构和意识形态的（王婷等，2019；罗丽，2018；李贤等，2018）。李贤等人认为，民族电影的自我建构技巧的使用主要体现在两个方面：一方面是导演自身的身份和角色。如果导演是影片所反映主题的参与者，在影片创作中能够更加真实地展示内容。另一方面是演员的选择。由于地缘和自然的因素，少数民族的外貌和服饰等文化与汉族文化存在一些差异，如果由本民族演员饰演影视中的角色，受众会比较容易接受。对彝族电影来说也是这样，由彝族影视工作者自己编排、导演、出演的影视作品，对拍摄对象的选择能够最大限度地体现彝族真实生活面貌和生活样态，使影视作品通过物"自我建构"的身份认同具有最大限度的客观性和真实性。

而如果拍摄者和拍摄对象拥有不同的身份特征（如由汉族导演拍摄彝族的日常生活），则此时拍摄对象的身份就在一定程度上由"他者建构"，这一过程中很有可能存在错位性的认知，甚至是文化偏见，体现为某种类型的东方主义。相比"他者建构"，"自我建构"的优势在于打破一定程度的刻板印象和文化霸权。部分文章认为内容和意义生产曾经是支配性权力结构的特权，规训式解释则是读者作为从属群体的义务，而自我建构能够使得"媒介形象喻示着主流文化与从属文化中控制与接受的霸权关系被解构，影视生产者可以利用媒介和商品的符号资源为自己争夺到社会文化参与与自我控制的权力"（沈霄，2019；严亚，2015；雷田田，2015）。

3.1.2.2 不同影视体裁中的物

本研究主要考察的影视作品体裁包括纪录片、电影故事片、电视剧、电视栏目、综艺节目，以及新型的短视频。不同体裁的影视作品在内容、形式上具有很大差别，在分析身份认同建构时应该具体体裁具体分析，并且注意国家行政指令和市场盈利要求对影视作品制作的影响。

纪录片是以真实生活为创作素材，以真人真事为表现对象，并对其进行艺术的加工与展现，以展现真实为本质，并用真实引发人们思考的电影或电视艺术形式（史可扬，2018）[113]。由于取材于真实生活和强调对事物"客观性"的呈现，纪录片中的物大多是拍摄对象真实生活中会运用到的物，其背后反映的社会关系与建构的身份认同也具有较强的客观性和真实性。

电影故事片是由演员扮演角色、讲述虚构性故事的影片类别，也可称为剧情片（詹庆生，2018）[27]。其中，院线电影、微电影、网络大电影均属于故事片。故事片虽取材于生活，但是为了反映不同文化背景的创作者心中的认同性以及为了迎合市场的需要或者符合行政要求，可能会放大某些特点，在物品的选择、使用与情感附着上会更加有针对性、目的性。尤其是在流量经济背景下生产的故事片，为了满足盈利的需要，可能会复制生产一些已获得盈利的角色和故事，导致物的选择具有雷同性，角色的刻画方式不免落入刻板印象。因此在分析故事片的影视生产和身份认同的关系中，要格外注重创作者的身份背景，以及来自国家、市场方面的要求。

电视剧（又称为剧集、电视戏剧节目、电视戏剧或电视系列剧）是一种适应电视广播特点、融合舞台和电影艺术的表现方法而形成的艺术样式（史可扬，2018）[118]。电视剧的时间较长、参与人数较多，在不同频道、不同平台播出的电视剧，可能要求也不相同。在电视剧的物与身份认同的探讨里，在延续故事片的要求外，要格外注重影视创作者身份背景的复杂性和平台要求、频道要求的多元性，这对影片中物与身份认同的体现会造成不同的影响。

电视栏目是指有固定时间、固定长度、固定风格并定期播出的电视节目，体现了一种板块化的组织方式，是电视制作和播出中的基本衡量单位之一，具有系统性、固定性、综合性的特征（张健，2012）[2]。电视栏目按照不同的方式可以划分成多种类型：从内容上看，主要有新闻、综艺、社会、生活、经济和专题类；如果从形式上划分，则有纪实类、益智类、谈话类等。一档完整的电视栏目通常包含固定的栏目名称，相对固定的主持人、播出时长和时段，特定的观众等（茹芳，2014）。电视栏目通常会用专题的形式，尤其是将某类物作为主题（如以彝族刺绣问题为主题），对某群体的身份认同进行采访与报道，其内容聚焦于对体现身份认同的典型物品与象征性事件的纪实性拍摄。电视节目通常会有较为清晰的主题，对身份认同的建构也较为清楚明了。

综艺节目以广义上的综艺为对象。已经约定俗成的，带有娱乐性、非虚构性以及具有自己固定且独特的节目样态的内容，都可被称为综艺节目（罗姣姣，2017）[10]。综艺节目多注重流量性、娱乐性，往往会通过游戏等互动的形式，设置、介绍具体的物件，向广大受众建构出该群体的身份认同，引发受众对该群体的关注，甚至是帮助。综艺节目互动性往往较强，且配有一些具体的经济、政治、文化宣传方面的任务，根据任务的不同，宣传效果的不同，娱乐节目建构的身份认同往往也要具体问题具体分析。

短视频即短片视频，是一种互联网内容传播方式，一般指在互联网新媒体上传播时长在 30 分钟以内的视频。随着移动终端普及和网络的提速，短平快的大流量传播内容逐渐获得各大平台、粉丝和资本的青睐。中国互联网络信息中心（CNNIC）发布的第 52 次《中国互联网络发展状况统计报告》显示，截至 2023 年 6 月，即时通信、网络视频、短视频用户规模分别达 10.47 亿人、10.44 亿人和 10.26 亿人，用户使用率分别为 97.1%、96.8% 和 95.2%。短视频生产内容丰富，渠道多元，其内容往往取材于日常文化生活。囿于时间限制，短视频的内容表达较为简洁、清楚，往往采取近景与特写镜头的方式对物进行处理，短视频对身份认同的建构也比较直观。

但值得注意的是，在分析的过程中，本书并不以"类型"为维度，而是以"对物的表现和处理方式"为主题的——这更加符合本项研究的理论化意图。在具体的分析中，援引影视作品的类型体系的主要目的在于帮助研究者选取文本。但在本书的理论视角下，更重要的是这些作品作为"承载彝族身份认同实践"的媒介和载体的性质。

3.1.2.3 作为研究对象的影视作品中的物

不同体裁的影视作品内容里的物，和不同文化背景下的生产者"生产过程""表述过程"中的物，应该如何结合为一个分析整体？作者认为，在哲学、人类学、新闻传播学等学科的视野下，影视作品中的物之所以能作为一个完整的研究对象，首先是因为无论从什么学科角度来看，被拍摄的物背后均存在着深刻的文化内涵，可以反映一定的社会关系、意识形态、所有制关系，这些认同维度具有同构性。其次，影视生产者对身份认同的建构具有一定的主观能动性，并且在影视体裁选择、故事生产和访谈表述中都会发挥这种主观能动性，同时体现在对不同体裁影视作品内容中的物、影视生产过程中的物、访谈表述过程中的物的编码与解码中。

编码与解码是传播学者霍尔提出的概念，他认为任何信息在进入大众传播领域之前都必须先进行编码。解码则是信息被阅读和理解的过程，一条信息正是通过解码而进入社会实践的结构中，产生一定的意义效果和一系列复杂的感知、认识、情感、意识形态或者行为结果（霍尔，2000）[345-358]。在同一影视生产者眼中，影视作品的编码与访谈中对影视作品的解码是具有同构性的。霍尔认为，编码－解码中的每一个环节（moment）在意义阐释中对于整体来说都是必要的，正是因为传播模式中的编码阶段被赋予意义，才能够引起解码端的消费行为（Hall，1980）[130]。正如影视生产者在影视作品中建构身份认同时，会选出特定的可以代表这种认同关系的物，并给予特定类型的镜头语言予以描绘，会根据自己的特长与体裁的倾向性选择不同的影视体裁，建构自己心中的身份认同，这些都属于影视生产的编码端的问题。

在访谈中，也就是在具体的表述过程中，影视生产者会对自己已有的影视生产实践，包括影视生产过程以及影视作品中的物进行解码。之所以生产过程、表述过程中的物能作为一个分析整体出现，其本质原因在于影视作品的编码与解码具有同构性，且对影视作品的编码和解码行为均来自固定的影视生产者。既然影视生产者根据一定的既有的身份认同，以及背后反映的意识形态、社会关系进行影视生产的编码工作，那么在作者对影视生产者进行访谈时，影视生产者在表述中提到的影视生产过程中的物，就相当于对自己已经编码的物与身份认同的关系再进行解码工作，这里的意义生产和意义阐释是对称和吻合的。在这里，影视生产者也大致根据自己之前在编码过程中产生的既有的身份认同，以及背后反映的意识形态、社会关系去进行解码,使得影视生产者的生产过程、表述过程以及不同题材影视中的物集合为一个整体。

当然,在对同一影视生产者进行的访谈中,偶尔也会出现影视生产过程中的编码与访谈过程中的解码相对不一致的现象,这种错位性,是作者在访谈分析中要着重进行讨论的问题。

3.1.2.4 彝族影视作品中的物与身份认同的关系

彝族的物恋大多"就地取材"。在彝族万物有灵的观念里,水、山、树、石等物都是以自然实体的方式出现的,物还未形成可用来交换、满足需要的劳动产品——商品的形态。彝族崇尚万物有灵论,万物都在彝族传统社会中发挥作用,这是彝族最传统的、历史最悠久的物观,也是一种整体主义的方法论。彝族一方面相信灵魂能够溯回、转移、回归祖地,另一方面也对某些能影响彝族生产、生活水平的物持有物恋的态度。

彝族历史文化、现实生活中均有丰富的物元素,这里的物既有在彝族历史上与原始生活相关的具体的物,又有现代市场经济语境中对物化事实的批判与呈现中的商品;既有生产者自给自足、不参与市场流通的物品,又有市场中具有交换价值的商品;既有维持彝族基本生活的必需品,又有承载彝族历史文化、民族精神风貌的物质载体。无论如何,这些物都是彝族在特定环境下生产方式的具体体现,承接着远古与现代的文化和制度,记录了历史上奴隶制度、家支制度的痕迹和在社会主义基本制度下的民族文化、民族身份的变迁。

既然彝族中物与身份认同具有一定联系,影视中的彝族身份认同又被讨论良多,那么我们应如何理解彝族影视中物与身份认同的关系?在现代社会市场经济的语境下,彝族对物的使用和身份认同是什么，又经历了怎样的变化？具有不同背景的彝族题材影视作品的生产者又如何在影视作品中通过物来建构彝族身份认同？其建构的缘由又是什么？本书将延续马克思、恩格斯与西方马克思主义者对物与身份认同的关系的探讨路径，从具体的物、作为商品的物出发，理解物背后的社会关系，以及所属群体的意识形态与所有制关系，进而探讨基于影视生产的彝族身份认同的建构路径。不同彝族题材影视作品对物的拍摄方式与镜头运用的不同安排，可能体现出影视生产者不同的身份认同的价值立场，这些都需要带入影片中和从影视生产者的角度出发进行分析，这是本书经过仔细研究后需要回答的问题。

3.2 研究方法

本书主要采用质化研究中的深度访谈和话语分析的研究方法。深度访谈使得作者能够更加清楚地了解彝族题材影视生产者的生存、工作环境，更加清晰地研究彝族题材影视作品的创作背景、过程，从而对彝族题材影视生产者如何通过影视生产建构彝族身份认同作出分析。对访谈资料以及影视文本资料的话语分析，能够将影视生产者生产的影视内容以及影视生产者在访谈中的表述过程结合成一个整体，从情境交互式的角度展现出话语与彝族题材影视生产者身份认同之间的相互建构关系。

3.2.1 质化资料收集

本书的质化资料收集主要包括两部分内容：对纪录片、电视剧、

第3章 研究设计：对彝族题材影视作品及其生产者的质化研究

院线电影、电视栏目、综艺节目、微电影等彝族题材影视资料的收集，和对22位彝族影视生产者的深度访谈资料的收集。

3.2.1.1 影视资料收集

在写作期间，作者曾五次赴四川省、云南省、贵州省，在四川省凉山彝族自治州，云南省昆明市、丽江市、大理白族自治州以及贵州省贵阳市、六盘水市等地进行田野调研，并通过如下方式收集研究所需的不同体裁的影视资料：一是彝族纪录片。为获得质量较高、流传较广的彝族纪录片，除在互联网上进行观看外，作者多次前往以上地区的彝族博物馆、影视资料馆、民族文化村、高校等地进行影视资料和历史档案的查阅；作者拜访了多位著名彝族题材影视作品的影视人类学生产者和从事彝族影视人类学研究的专家，如杨洪林、陈学礼、朱靖江、梁君健等，并从受访者处获取了互联网上较难找到的纪录片影视资料和纪录片信息。这些彝族影视纪录片在彝族的影史中有重要地位和价值，是分析彝族影视不可或缺的部分。同时，作者与中央广播电视台工作人员一道赴凉山彝族自治州西昌市、喜德县等地，参与式观察彝族纪录片的拍摄过程，获取了宝贵的素材和民族志经验。

二是彝族主题电视剧。以历史事件、脱贫攻坚为主题的电视剧，这部分影视文本资料可以从互联网上获得资源。2000年以来，中央电视台制作了多部根据彝族与其他民族之间大型历史事件改编的电视剧，如《彝海结盟》《奢香夫人》等。还有多部以脱贫攻坚为背景的电视剧，如《金色索玛花》《索玛花开》等。这些电视剧制作精良，和时代政策紧密相关，也是本书的重点研究对象。

三是彝族主题院线电影。以脱贫攻坚、民族交融、彝族历史文化等为主题的院线电影，可以从互联网平台获取到商业电影资源。

同时作者也拜访了院线电影的从业者,获取了未上映电影的原始素材。

四是彝族电视栏目。记录彝族聚居地概况和彝族文化的宣传片、电视栏目,可以从互联网上和访谈对象处获得资源。这些影视资料有些在互联网上较难找到,因此作者拜访了央视的彝族节目制作者衣呷、白家伟,并获取了一些资料。

五是有彝族元素的综艺节目。以脱贫攻坚等为主题的综艺节目,可以从互联网上获取相关影视资料。需要说明的是,彝族微电影很多是以短视频的形式出现的,因此作者在分类中将彝族微电影与短视频放在一起。

六是彝族主题微电影和短视频。以彩礼、婚恋问题为主题的微电影和短视频,除票圈视频等平台外,作者前往彝族微电影生产的发源地——四川省凉山彝族自治州盐源县进行访谈,并从彝族微电影导演、演员处获得了具有代表性特征的彝族微电影等影视资料。

3.2.1.2 深度访谈

作者对22位从事本民族题材影视生产的彝族导演、演员、编剧进行了深度访谈,并详细整理了访谈资料。作者遵循目的抽样原则选择访谈对象,根据研究问题的需要主动地、有目的地联系与选择访谈对象。为了研究影视生产和民族身份建构的关系,作者选取的访谈对象均参与过彝族影视创作。访谈对象均是彝族人;既有官方知名演员,又有自称为草根的演员群体。在电影工作者的职业类型上,访谈对象的职业包含导演、制片、编剧、演员、服装师、化妆师、道具师等。具体来说,访谈对象可以分为以下几类:

一是影视人类学者和纪录片电影导演,如杨洪林、高毕有、郑无边、杨大卫。

第3章 研究设计：对彝族题材影视作品及其生产者的质化研究

二是从事院线、微电影生产的制片、编剧、导演、演员等，如马达、诺布钍呷、阿安、胡豆儿、沙玛欢庚、潘子剑、土比媛媛、生特吾姬等。

三是电视栏目编导与记者，如衣呷、白家伟。

四是业余影视创作者与参与者，比如彝族著名歌手阿果长幸也担任制片人，在云南大学旅游文化学院团委工作的金科诗薇拍过个人自传影片。

访谈对象来自云南省昆明市石林彝族自治县（石林县）、云南省大理白族自治州南涧彝族自治县（南涧县）、云南省丽江市宁蒗彝族自治县（云南小凉山）、四川省凉山彝族自治州首府西昌市和盐源县（四川大凉山）、贵州省贵阳市等地。访谈对象年龄大多集中在20~35岁，共计18人；35岁以上共计3人；20岁以下共计1人。访谈对象详细信息见表3.1。

表 3.1 访谈对象详细信息（按接受访谈的时间顺序排列）

序号	姓名	民族	职业	地区	影视作品
1	诺布钍呷	彝族	演员	四川大凉山	《我的圣途》《我爱我的大凉山》等
2	杨洪林	彝族	学者、导演	云南小凉山	《虎日》《虎日2》《火把节》等
3	高毕有	彝族	导演	石林县	《撵瘟神》
4	阿安	彝族	导演	云南小凉山	《明天我是谁》《最美索玛》
5	胡豆儿	彝族	导演、演员	四川大凉山	《彩青春》《母亲》《妮勒阿妞》等
6	沙玛欢庚	彝族	导演、演员	四川大凉山	《彩青春》《大山走出的玛薇》《蜉蝣的明天》等
7	木子	彝族	演员、编剧	四川大凉山	《彩青春》《蜉蝣的明天》等
8	吉格马情	彝族	演员、道具师	四川大凉山	《母亲》《彩礼记》《尝失》《死要面子活受罪》等

续表

序号	姓名	民族	职业	地区	影视作品
9	潘子剑	彝族	演员	四川大凉山	《明天我是谁》《黑鹰少年》《乌塔》《生命底色》《金色索玛花》《世界》等
10	土比媛媛	彝族	编剧、经纪人	四川大凉山	《世界》等
11	金科诗薇	彝族	演员、制片	云南小凉山	《母亲》《我的名字叫诗薇》
12	衣呷	彝族	央视编导、主持人	四川大凉山	《毒害大凉山》《岩石间的花》《健康中国幸福城市——西昌站》等
13	阿衣什金	彝族	演员、化妆师	四川大凉山	《彩礼记》《明天我是谁》等
14	伍萨	彝族	演员、歌手	云南小凉山	《明天我是谁》
15	阿果长幸	彝族	歌手、制片人	云南小凉山	《明天我是谁》《女儿颂》
16	马达	彝族	制片、导演	四川大凉山	《黑鹰少年》《阿果吉曲》《听见凉山》《世界》等
17	刘世生	彝族	导演、公务员	石林县	《石林影视志》《光明的心弦》
18	生特吾姬	彝族	演员、歌手	云南小凉山	《世界》
19	杨大卫	彝族	导演	四川大凉山	《"好看"的大凉山》《世界》
20	马嘿·阿依诗莎	彝族	演员	四川大凉山	《我的圣途》《索玛花开》《我爱我的大凉山》《明天我是谁》《让我听懂你的语言》《安妮的邛海》等
21	郑无边	彝族	导演	贵阳市	《月亮与海》等
22	白家伟	彝族	记者	南涧县	南涧彝族自治县彝族"哑巴节"、南涧彝族"跳菜"、南涧彝族"母虎日历碑"等系列报道

作者主要使用以下几种方式邀请访谈对象参与访谈：

一是关注彝族金索玛选美等比赛以及关于彝族影视作品宣传的

第3章 研究设计：对彝族题材影视作品及其生产者的质化研究

公众号、小程序、新闻等。例如，在观看彝族一年一度的金索玛选美节目、《我的圣途》等影视作品以及有关彝族的新闻报道后，作者通过微博、抖音等自媒体应用程序向彝族著名演员诺布钍呷、彝族歌手生特吾姬提出邀约。

二是参与影视人类学研讨班、讲座，邀请影视人类学学者陈学礼、杨洪林老师进行访谈。通过陈学礼老师介绍，作者访谈了彝族导演高毕有、彝族导演刘世生。

三是逐个询问彝族同学，了解是否有同学认识彝族影视生产者，并进行邀约。通过逐个询问的方式，作者认识并访谈了彝族导演阿安、彝族演员金科诗薇、央视彝族主持人衣呷、彝族导演郑无边；通过阿安介绍，作者访谈了彝族影视生产者胡豆儿、沙玛欢庚、木子、吉格马情、阿依什金，这些影视生产者身兼数职，既是演员也是幕后工作者。阿安导演还向作者介绍了彝族歌手阿果长幸、伍萨，彝族演员马嘿阿依、潘子剑。通过潘子剑介绍，作者访谈了彝族导演杨大卫、彝族编剧土比媛媛；通过杨大卫介绍，作者访谈了彝族导演马达。

四是参与彝族地区的社会实践。作者曾于2018年前往南涧县进行为期一个月的社会调研，在南涧县，作者认识并访谈了彝族记者白家伟。

访谈主要采取面对面访谈、语音访谈（微信、电话）的形式进行，其中面对面访谈13次，线上、电话远程访谈9次。每次的访谈时间为1~1.5小时。线下的访谈地点多为当地咖啡厅、影视生产者的工作室等安静的地方。彝族多喜饮酒，为保证访谈质量，作者通常会在访谈前格外强调这个问题，保证访谈双方都以非常清醒的状态进行访谈，这样会帮助访谈对象较有逻辑地、深入地思考作者提出的问题。经确认，所有访谈对象都同意访问者录音，同意在本书中使用自己的真实名字。所有访谈作者都进行了录音,并整理成录音记录,使访谈以文字的形式保留下来。

  本书的深度访谈均根据目的抽样原则,采用半结构、开放式访谈法进行提问。作者会提前将访谈大纲发给访谈对象,在访谈中结合访谈大纲、访谈对象具体参与影片的情况、个人生长环境背景,围绕物的呈现及作用进行适当的追问。在访谈内容安排上,作者先会以闲聊的方式,就访谈对象的成长背景、家支情况、教育水平、职业发展规划等问题进行初步交流,再深入谈论他们曾经参与策划的影片。作者会利用访谈对象的拍摄实例详细介绍本书的思路。有关物和身份认同关系的理论部分,是作者要阐释的重点。作者会向访谈对象介绍本书的理论切入点以及本书关注的物与身份认同建构关系的问题,在确认访谈对象大致了解作者的研究问题、研究对象、研究目的后,就访谈大纲的问题结合具体影片中的物进行访谈。

  访谈的具体问题包括:物在影片中的具体呈现;在彝族的现代化建设过程中,尤其是新农村建设、脱贫攻坚和乡村振兴的过程中有哪些物的体现;这些物件有什么民族、宗教、文化内涵,在推动剧情、展现人物性格和心理、交代人物命运、建构身份认同中分别起到什么作用;在看剧本及表演的过程中,是否会着重注意这些物件、这些物件是否具有本民族表演者的特殊性;是否会用特殊机位、景别进行调度,着重处理这些镜头;是否会考虑非本民族同胞因不熟悉而带来的接受度问题;对于这种物与身份认同的态度是什么;这种物件的呈现在少数民族(彝族)类电影中是否是必要的、和拍摄其他类型电影有何不同等问题。访谈过后,作者会观看访谈对象提到的,作者没有看过的彝族题材影视文本资料,就访谈主题对访谈对象做追访工作。

  本书访谈对象的获得以及访谈的进行对作者而言存在一定难度。

首先，虽然彝族影视处在蓬勃发展中，但从事影视生产的彝族数量较少，有专业背景的更是少之又少，更多的影视生产者只能被称为影视爱好者，而不是职业影人；其次，作者来自辽宁省大连市，而彝族多聚居于西南地区，作者认识的彝族人相对较少；最后一点亦非常重要，作者无法用彝语和四川话交流，导致对部分凉山本土的微电影从业人员的访谈需要借助翻译。彝族谚语博大精深，在翻译的时候也产生了理解的困难。

3.2.2 质化资料分析

在分析质化资料时，本书采用话语分析的研究方法，并注重话语分析中话语与语境、意识形态、思维模式之间关系的维度。1952年，美国结构主义语言学家哈里斯（Zellig Sabbettai Harris）在文章 *Discourse Analysis* 中首次指出话语分析对于连贯话语结构研究的意义和方式（Harris，1981），从语法结构和语义结构方面入手对连贯话语进行分析。话语分析经过梵·迪克（Van Dijk）的发展，更加关注话语与情境之间的关系，极大增强了话语分析的影响力。在本体论层面，有学者认为梵·迪克"话语－认知－社会"理论框架以"人"为中介，映射了从微观、中观到宏观的系统互动的建构主义传播观（曾欢迎，2017）。

沿袭这个观点，本书认为影视传播是一种系统互动的话语建构、认知建构和社会建构。对影视资料文本中的物和影视生产者访谈的物与身份认同建构的话语分析改变了以往线性传播的状况，从情境交互式的角度展现出彝族影视从业者、影视资料、访谈等质性资料中的话语与彝族身份认同之间的相互建构关系，体现出彝族通过物建构身份认同的话语维度。

3.3 对访谈对象及访谈场景信息介绍

如果说，对影视文本中物与主体性建构的话语分析是从一定民族文化背景出发，从受众的角度去归纳、总结物的呈现概况与彝族生产、生活历史与现状之间的关系，那么对彝族影视生产者的访谈则有助于受众了解影视生产背后的行为动机、生产目的与影视行业现状。通过为特定物品设定相关剧情，影视生产者用不同的拍摄手段、记录方式呈现出物的不同属性、功能，向受众表达了影视生产者通过影视文本增强民族凝聚力与认同感、传承民族文化、进行社会动员的想法和实践。影视生产者通过设置道具、编排剧情、设计镜头语言来建构彝族的主体性身份，这是彝族和其他民族影视从业者在人类学主客位视角和中华民族共同体视角下一同建构的身份认同。

3.3.1 大凉山地区的影视从业者及相关影片介绍

诺布钍呷（彝族）：《索玛花开》（2017）、《我的圣途》（2016）、《我爱我的大凉山》（尚未发行）等

作者于2020年8月24日前往四川省凉山彝族自治州首府西昌市，采访彝族著名演员诺布钍呷（男），访谈时间为60分钟。彝族院线电影《我的圣途》由凉山文化广播影视、加拿大巨龙海升国际影业公司联合出品，由张蠡执导，克惹丹夫担任编剧，诺布钍呷担任男主角。影片于2016年11月3日在中国内地上映。

《我的圣途》讲述了年轻的毕摩沙马达伊为实现父亲的遗愿，

第 3 章　研究设计：对彝族题材影视作品及其生产者的质化研究

离开家乡寻找彝人的心灵圣地，来到布希莱托萨和头人的管辖地，在当地发生了诸多坎坷曲折的故事。影片的最后男主角的爱人离去，男主角继续独自踏上寻找白色圣地的道路。《我的圣途》中彝族身份建构的方式倾向于以商业片的形式来讲述彝族的历史和文化。影片中出现了丰富的彝族文化元素，如火把节等节日，毕摩教等传统彝族信仰，婚丧嫁娶、打冤家、用神灵裁决官司等风俗习惯。

《我的圣途》中具有丰富的能够代表彝族身份特征的物，集中体现在毕摩世家使用的经书，毕摩做法驱鬼使用的法器和打冤家使用的火枪等。影片涉及多种彝族传统价值观和制度，例如不同等级之间不允许通婚的森严等级制度是造成影片人物爱情悲剧的根源；头人对管辖地的绝对领导权和对百姓的剥削体现了凉山不平等的奴隶制度的罪恶性。访谈对象表示，在拍摄期间为了推进剧情发展、彰显民族性格特征，导演会特别强调对一些物品道具的使用，演员在表演中也会着重凸显这些物品的样貌、功能。值得一提的是，彝族历史中并不存在白色圣地这一说法，有学者认为这是影片受到了西方现代主义叙事影响的结果，表明彝族在建构自身身份时受到的现代性冲击来自方方面面，通过影片建构民族身份需要辅以非常精准、确凿的学术历史考据。

胡豆儿（彝族）：《母亲》（2019）、《彩青春》（2019）、《白色杀手》（2019）等

作者于 2021 年 2 月 14 日前往四川省凉山彝族自治州盐源县，采访彝族导演、演员、编剧胡豆儿（男），访谈时间为 1 小时。胡豆儿是彝族著名的舞台喜剧演员和微电影演员、导演、编剧，他已经参与制作了 70 余部彝族影视作品。他与其他导演联合制作的《彩青春》电影以极低的成本带来百倍的收入，掀起了彝族非专业影视工作者投资、拍摄微电影的浪潮。胡豆儿的影视作品多发布于一些线上收费平台中，可以说他是彝族基层影视从业者的代表和鼻祖。本书选取胡豆儿最著名的微电影《彩青春》《白色杀手》以及《母亲》作为文本分析对象。

胡豆儿的民族认同感十分强烈，他在不同的微电影中都表达了对彝族历史的认同以及对彝族现状的关注和担忧。身为喜剧演员，胡豆儿的微电影多以喜剧的表演形式和悲剧的结尾凸显彝族的价值观、身份特征，反映了凉山彝族婚恋不自由问题、彩礼问题、酒文化问题、文化流失程度严重问题等，十分具有教育意义。胡豆儿希望能在影片中彰显彝族文化，保护彝族传统与历史。他的影片都是置于国家发展、经济繁荣的背景下的，他看到了中华民族文化中共通的部分，倡导各民族之间应该互相理解、尊重。他试图用彝族文化中最具有代表性的历史元素，例如彝族的信仰、彝族伦理观、亲情等方式去感化他人、改变现状，用民族文化去解决商品经济给彝族社会带来的问题。他同时也谈到了彝族影视行业资金匮乏的现状，倡导影视作品要体现时代特色，要体现彝族的特色，要讲好故事，更要有深刻的意义和价值。

沙玛欢庚、木子（彝族）：《彩青春》（2019）、《蜉蝣的明天》（2020）等

作者于 2021 年 2 月 14 日前往四川省凉山彝族自治州盐源县，采访彝族导演、演员沙玛欢庚（男）和木子（男），访谈时间为 50 分钟。欢庚曾经在中国彝族网负责彝族娱乐项目的宣发工作，现在和木子一样，都是彝族年轻一代的微电影演员、导演，同时也负责影片的剪辑工作。欢庚和木子共同参与拍摄了多部微电影，在快手上也因拍摄小短片而小有名气。

欢庚和木子共同参与了本次访谈。他们认为物往往和仪式相关，二者在影片中都能代表彝族的传统文化，是历史的见证、文化的传承，更是祖先给予彝人的精神财富。彝族在商品社会中依旧应该保持和发扬生存能力强、勤俭质朴的优良传统。欢庚认为彝族电影人要有改变彝族电影市场乱象的责任心，更要在电影中展现自己对民族和国家的热爱，展现、发扬、传承本民族的优秀文化。因为彝族电影面对的受众不仅是彝族，其他民族受众也会观看，所以彝族电影要做好文化建设。对于与其他民族文化冲突但是又在现实中存在的电影内容，导演应该尽量用真实的手段去展现，不能违背彝族的历史，同时也要尊重客观现实。

吉格马情（彝族）：《彩礼记》（2021）、《母亲》（2020）、《死要面子活受罪》（2018）、《尝失》（2018）等

作者于2021年3月16日线上访谈彝族演员吉格马情（男），访谈时间为50分钟。吉格马情是一位怀有演员梦想的青年彝族演员，同时也是一位道具师。近几年，他跟随拉玛大力、胡豆儿、阿安等导演参演了多部彝族微电影、院线电影，如反映吸毒危害性的微电影《尝失》、反映彝族社会铺张浪费问题的微电影《死要面子活受罪》、反映彩礼问题的微电影《彩礼记》等。

作为道具师，吉格马情深谙道具的制作与使用对于彝族题材影视生产的重要意义，道具应该能够反映真实的彝族生活。吉格马情认为彝族是非常传统、淳朴的民族，生活中彝族对物品的使用是非常讲究的，所以彝族电影也要注重道具的摆放和使用方式。在拍摄中，彝族演员用的部分道具、家具摆件都是道具师自己制作的，这些物品要突出彝族对黑、红、黄三种颜色的喜爱，建构出彝族的独特性。同时，吉格马情认为脱贫攻坚为彝族社会带来了巨大的改变，影片也应该以脱贫攻坚为时代背景和主题。

潘子剑（彝族）：《明天我是谁》（2023）、《生命底色》（2023）、《黑鹰少年》（2022）、《乌塔》（2020）、《金色索玛花》（2020）、《世界》（尚未发行）等

作者于 2021 年 3 月 17 日线下访谈彝族著名演员潘子剑（男），访谈时间为 60 分钟。潘子剑是近年来走红的、彝族最著名的青年演员之一。他参演了多部彝族影片，如阿安导演执导的彝族爱情故事片《明天我是谁》、讲述"凉山黑鹰"少年篮球队故事的《黑鹰少年》、讲述彝族外出务工遭遇的院线电影《生命底色》、讲述彝族部落战争的微电影《乌塔》、央视扶贫主题电视剧《金色索玛花》、黄健中执导的以彝族儿童成长为主题的院线电影《世界》等。

和其他彝族演员不同的是，潘子剑不仅在多部彝族影片中饰演主要角色，还因为帅气的外形走红网络，参演了多部偶像剧和微电影。虽然已经走红网络并小有名气，但是潘子剑依然热衷参演彝族影片，尽管参演这些影片他获得的片酬较低，并且可能会为塑造彝族人物形象付出极大的心血和努力。潘子剑在访谈中分析了偶像片和彝族电影中塑造人物的不同方式，他认为偶像片需要更多考虑外在的因素，比如哪个角度可以在镜头前呈现出更帅气的模样。但是彝族影片对演员的要求却更高，因为彝族具有较为丰富的主体性，在饰演彝族角色时，演员不仅要理解彝族的传统生活与文化，理解凉山彝族在现代社会中遇到的问题，还要使自己的表演符合不同地区彝族的性格特征，符合彝族角色层次鲜明的要求。身为彝族演员，他既感到骄傲，又觉得表演具有挑战性，并对彝族影视未来的发展表达了自己的期冀与希望。

土比媛媛（彝族）：《世界》（尚未发行）

作者于 2021 年 3 月 17 日线下访谈彝族编剧土比媛媛（女），访谈时间为 70 分钟。媛媛是彝族院线电影《世界》的编剧，这是她

第3章 研究设计：对彝族题材影视作品及其生产者的质化研究

编写的第一个彝族电影剧本，剧本获得了著名香港导演黄健中的垂青，并由黄健中执导、拍摄完成。媛媛剧本创作的灵感来源于彝族著名导演马达，这是马达父亲亲身经历的故事，故事围绕着一个彝族小男孩和他的英雄篮球梦展开叙述。

在访谈中，媛媛提到了剧本编写以及修改的经历。媛媛是在大凉山长大的彝族，对彝族传统生活十分熟悉，她在剧情设计中加入了对彝族自然崇拜、毕摩仪式和文化习俗的描写，在导演的再三建议下对部分彝族文化的描写进行了修改。彝族具有自己独特的生死观和原始信仰体系，为了更好地对外传播这部电影，也为了让彝族之外的受众更加理解影片的意义，并且保持儿童电影的纯粹性，再三斟酌后，媛媛同意接受导演的建议，对剧本中彝族葬礼等剧情进行了修改。作为编剧，媛媛提到了彝族剧本中对彝族人物塑造的脸谱化问题，她认为影片创作应该深入彝族的真实生活中，而不是模仿现存的充满刻板印象的剧本，这些剧本很多不符合社会现实，却在荧屏生产中一再被复制。

衣呷（彝族）：《岩石间的花》（2018）、《健康中国，幸福城市——西昌站》（2017）、《毒害大凉山》（2014）等

作者于2021年3月17日线上访谈中央电视台的彝族编导、外景主持人衣呷（女），访谈时间为67分钟。在央视工作期间，衣呷参与了多个与彝族相关的电视节目的创作，如与公安部联合拍摄的内参片《毒害大凉山》，关于彝族女性刺绣与脱贫实践的电视节目《岩石间的花》等。

衣呷的老家在大凉山，她对彝族的传统生活非常熟悉。作为在央视工作的彝族，在拍摄与彝族相关的央视节目期间，衣呷十分重视拍摄物品的选择，受众对拍摄内容的接受、理解程度等问题，她认为央视生产的彝族题材影视作品应该建构一些普遍性的、易于其他文化理解的、不同文化之间能够共享的内容。她没有刻意选择拍摄彝族文化中那些对他者而言较为新鲜，具有猎奇性的部分，而是将自己生活最本真的状态呈现出来。在面向全国受众进行播放时，她会根据非彝族受众对节目的接受程度调整内容及形式，通过内容的删减、字幕的解释来使他们更好地理解节目和彝族文化的含义。

阿衣什金（彝族）：《明天我是谁》（2023）、《彩礼记》（2021）等

作者于2021年3月18日线上访谈彝族化妆师、演员阿衣什金（女），访谈时间为57分钟。阿衣什金虽然只有21岁，但是已经有较为丰富的电影拍摄经验。她对近些年彝族传统价值观念的丢失以及彝族影视发展的现状表达了自己的担忧，并对影视生产工作付诸了强烈的改变现状的理想主义情怀。

阿衣什金认为现阶段彝族题材影视生产者的专业程度和责任心都有待提高。她认为大部分的微电影从业者和快手、抖音上的彝族群体并没有拍出真实的彝族生活，而是通过卖惨、哗众取宠等方式吸引流量，达到赚钱的目的。在影视行业中还存在签订合同不规范的问题，导致拖欠工资等不良事件一再发生。谈到自己从事电影行业的原因，阿衣什金认为自己想要通过影视作品引起彝族同胞们对彝族社会现存问题的关注，进而去改变这些问题。她期待彝族中能有更加专业的影视生产者出现，改变如今凉山微电影生产的乱象，宣扬彝族文化中优秀的内容。

马达（彝族）：《黑鹰少年》（2022）、《阿果吉曲》（2020）、《听见凉山》（2013）、《世界》（尚未发行）等

作者于2021年3月20日线下访谈彝族著名导演、制片人、演员马达（男），访谈时间为30分钟。马达是中央电视台社会与法频道《普法栏目剧》打造的迷你剧《听见凉山》的制片人，这部普法迷你剧以凉山社会的彩礼等问题为主题，播出期间曾在央视黄金收

第3章 研究设计：对彝族题材影视作品及其生产者的质化研究

视段位列第一。

马达在访谈中着重强调了彝族身份建构中的中华民族共同体、人类命运共同体维度。他认为彝族人的电影是中国的电影，也是全世界的电影，无论拍摄什么内容都不能离开这两个维度，这样才能更好地传播彝族的影视作品，才能引起更广泛的受众群体的关注。但是作为彝族人，物的选择也要能代表彝族的现实生活和精神世界，这个维度更加不能丢掉。

杨大卫（彝族）：《"好看"的大凉山》（2023）、《世界》（尚未发行）

作者于 2021 年 3 月 26 日线下访谈彝族纪录片导演杨大卫（男），访谈时间为 40 分钟。杨大卫是为数不多的在国外正式接受过电影创作教育且获得学位认证的彝族导演，在访谈中，他对镜头语言和拍摄实践的描述十分富有国际性和理论性。

作为在大凉山长大的彝族，杨大卫认为拍摄彝族相关的镜头就是在拍摄记忆中的画面，对光和影的使用以及机位的设置等镜头语言反映了彝族社会当时的建筑风格、习俗习惯、家庭氛围等物质生产生活、实践，这些画面是其他没有经历过彝族生活的导演无法理解和复制的构图感，是彝族导演特有的人生经历在影片中的再现。同时，他也十分重视国际通用的一些拍摄手法在影片中的应用，英国的学习经历使得杨大卫能够用欧洲电影的拍摄手法为彝族电影进行画面构图和叙事设计，他认为这种交融是非常灵活的，交融的前提是影片的拍摄要符合普遍的审美标准。

马嘿·阿依诗莎（亦称马嘿阿依，彝族）：《索玛花开》（2017）、《安妮的邛海》（2016）、《我的圣途》（2014）、《我爱我的大凉山》（尚未发行）、《明天我是谁》（2023）、《南诏王》（尚未发行）等

作者于 2021 年 3 月 27 日线上访谈彝族演员马嘿阿依（女），访谈时间为 50 分钟。马嘿阿依是彝族最著名的青年女演员之一，参演了多部彝族院线电影和电视剧。同时她也是一位歌手，并拥有自己的服装品牌。在访谈中，马嘿阿依认为自己因为民族情怀而出演彝族影片，自己和影片中的人物有相似的生长环境与人生经历，因此能够更好地塑造人物角色。她认为物的呈现对彝族题材影视生产来说是十分重要的，彝族的漆器、服饰等都是彝族影片展现彝族文化的重要内容。

马嘿阿依演艺经验丰富，她对于不同民族导演的执导方式有自己的看法。她指出，彝族文化博大精深，在拍摄中偶尔会出现其他民族导演因不了解彝族的风俗习惯而使得影片生产不符合客观事实的问题。每遇到这种情况，马嘿阿依都会向导演提出修改意见。她认为电影生产十分需要专业性，她希望有越来越多的专业导演、演员加入彝族题材影视生产中，多宣传正能量的内容以及优秀的传统民族文化。

3.3.2 小凉山地区的影视从业者及相关影片介绍

杨洪林（彝族）：《虎日》（2002）、《虎日 2》（尚未发行）

作者于 2020 年 8 月 28 日前往云南省昆明市，采访云南师范大学哲学与政法学院社会学系杨洪林教授，访谈时间为 60 分钟。2002 年，杨洪林在跟随著名人类学家庄孔韶教授读博期间曾参与拍摄人类学纪录片《虎日》。《虎日》是由庄孔韶、王华联合执导的民族志纪录片，记录了 2002 年宁蒗彝族自治县的彝族利用家支制度和盟誓仪式禁毒的情景。针对宁蒗县无法禁绝的吸毒状况，2002 年 5 月 22 日（彝历虎日），跑马坪乡境内金古、嘉日、吉伙三个家支集结全乡男女老少举行禁毒仪式，政府将吸毒人员（包括已收戒人

第 3 章　研究设计：对彝族题材影视作品及其生产者的质化研究

员）交给家属管理，三个家支的头人发表激昂的演说，德古们组成的"金古忍所禁毒委员会"将誓言刻在岩石上，试图用家支制度和盟誓等仪式约束、感化吸毒人员。

《虎日》在丽江市宁蒗彝族自治县跑马坪乡拍摄，这里也是杨洪林的故乡。《虎日》至今仍是体现现代科学主义与少数民族传统仪式之间冲突与融合关系的经典少数民族纪录片的代表作，具有强烈的历史性和真实性。通过访谈，作者了解了鸡、柳树枝、石头等彝族毕摩教信仰及文化传说中的物在彝族社会中的应用，了解了彝族地区近代以来鸦片种植历史状况、历史原因，以及改革开放后出现毒品的缘由。杨洪林表示调用家支力量进行禁毒仪式确实帮助了吸毒人员戒毒，他认为家支是极为重要的文化资源，《虎日》的意义在于阐释每个人其实都有可以调动的、用以解决现代性问题的、进行社会互助的文化资源。

阿安（彝族）：《明天我是谁》（2023）

作者于 2021 年 2 月 13 日前往云南省丽江市宁蒗彝族自治县，采访彝族导演阿安（男），访谈时间为 90 分钟。阿安是彝族院线电影《明天我是谁》的导演，彝族院线电影的数量十分稀少，且现有院线电影主题主要为彝族历史与神话故事，《明天我是谁》可以说是极少数的彝族现代题材的院线电影。

《明天我是谁》讲述了来自农村的彝族青年在城市中为了音乐梦想打拼的爱情故事，其中夹杂了梦想与现实的冲突、彝族传统和城市生活的冲突、贫穷与富裕的冲突等问题。本片用丰富的剧情呈现了彝族年轻人在城市生活中的现状，展现了彝族在城市生活中面临的生活习惯不适应、价值观念不符合等问题，具有极强的现实观照性和教育意义。影片进行身份建构的物主要有口红、农用机、豪车等，这些物品在展现人物性格、推动剧情发展中产生重要作用。

影片不仅展示了彝族勤劳、质朴的优良传统，也对彝族酒文化、年轻人职业选择的局限、婚姻选择不自由等困境进行了呈现。无论是宁蒗彝族女性在城市打工时的遭遇，还是追求梦想的彝族音乐人赚不到钱且遭到家人、邻居们的非议，还是女主角最后爱情的悲剧和婚姻的失败，都代表了一些现代彝族面临的普遍问题，激起背井离乡的彝族的共鸣。导演认为现在彝族影视行业存在乱象丛生、文化产品良莠不齐的现象，但是这个时候更需要彝族从业者能够认真进行影视创作。观影人员会逐渐提高自己的审美水平，筛选出真正值得观看的影视作品，打破劣币驱逐良币的态势，让彝族影视市场能够积极、正向的发展。

金科诗薇（彝族）：《母亲》（2020）、《我的名字叫诗薇》（尚未发行）

作者于 2021 年 3 月 17 日线上访谈彝族导演、演员金科诗薇（女），访谈时间为 58 分钟。金科诗薇是云南大学旅游文化学院团委的老师，同时也是一位影视爱好者、主持人。金科诗薇将自己人生经历写成剧本，拍摄题为《我的名字叫诗薇》的影片，这是一部对彝族女性现代生存现状与民族通婚问题进行思考的女性主义电影，影片认为彝族女性在保留自己的民族认同、民族文化的同时应该大胆走出国门，勇敢冲破束缚，接受来自世界各地的教育和文化。

诗薇认为彝族题材影视生产面临的最大问题就是缺乏专业度，但是如果由非彝族的影视专业从业者来执导，则会出现影视作品无法体现真实彝族文化风俗、行为习惯的问题。针对凉山彝族目前影视作品盛产悲剧的现状，诗薇执导影片的叙述风格相对平和，她希望能够展现出彝族女性独立、自主的一面。她将影片结尾设置成喜剧，女主角既选择了其他民族的爱情，但是又以另外一种方式保留

第 3 章 研究设计：对彝族题材影视作品及其生产者的质化研究

了自己的民族性。这是彝族电影中为数不多的就民族通婚问题展开讨论的电影，可以说是一个巨大的突破。

伍萨（彝族）：《明天我是谁》（2023）

作者于 2021 年 3 月 19 日线上访谈彝族演员、歌手伍萨（男），访谈时间为 40 分钟。伍萨是来自丽江的歌手，《明天我是谁》是他第一部参演的作品。伍萨是毕摩的后代，因此在他的民族身份中还多了一层对彝族传统信仰的深刻理解和认可。因此他对影片中出现的类似火塘、火钳等物品及仪式格外敏感，伍萨认为这些物在影片中的使用能够准确反映彝族的现实生活和精神信仰。

除此之外，伍萨还提到了影片中宁蒗彝族自治县脱贫攻坚后发生了翻天覆地的变化。物在影片中的出现及使用不仅反映出爸爸对子女的爱，还体现了彝族社会现状、民族文化传承以及国家对彝族社会发展的帮助和支持。

阿果长幸（彝族）：《明天我是谁》（2023）

作者于 2021 年 3 月 20 日线上访谈彝族歌手、制片人阿果长幸（女），访谈时间为 105 分钟。阿果长幸是彝族著名歌手，同时担任了《明天我是谁》的制片人。

阿果长幸在访谈中谈到了凉山彝族影片结尾较为悲惨的原因，她认为这和彝族的历史和现状有关。商品社会对凉山彝族社会的冲击使彝族社会转型中产生了诸多问题，例如：在快手等短视频平台上很多彝族改变了民族内敛、含蓄、害羞的性格和对血源性的认同，使用对骂和哗众取宠的方式赚取流量；影视行业为了短期利益不顾及专业性，生产的电影有量没有质；为了吸引关注，凉山彝族影视生产多集中于对彝族负面问题的呈现，损害了民族的形象。同时，阿果长幸认为这些问题会逐渐消失，因为彝族社会逐渐跟现代社会接轨，每个人的认知水平都在提高，所以市场会逐渐淘汰一些劣质文化产品。

她希望能通过自己的努力改变影视生产的乱象，传递优秀的民族文化。

圣特吾姬（彝族）：《世界》（尚未发行）

作者于2021年3月26日线下访谈彝族演员、歌手圣特吾姬（女），访谈时间为20分钟。圣特吾姬是中央民族大学音乐学院大一在读学生，这是她参演的第一部电影。

生特吾姬在访谈中提到了自己在影片中穿的民族服饰、弹奏的月琴是影片中能够体现民族文化的物，篮球则是推动剧情发展的重要物件。生特吾姬认为彝族小男孩们对篮球的感情从占有到分享，体现了小男孩们在影片中的成长，以及彝族社会互帮互助的优秀民族传统。

3.3.3　贵州地区的影视从业者及相关影片介绍

郑无边（彝族）：《月亮与海》（2014）等

作者于2021年3月28日线上访谈彝族导演郑无边（男），访谈时间为75分钟。郑无边导演是贵州的彝族纪录片导演，他出生在盘州市哑嘛村，除给莫西子诗等音乐人拍音乐影视以外，他这些年一直坚持拍摄哑嘛村的仪式以及生活流变。郑无边认为经济发展，尤其是90年代开始外出务工的浪潮为彝族社会变迁带来巨大影响，经济的飞速发展促进了彝族社会与外界交融，并产生了族外通婚、民族融合的现象。除此之外，他为村庄里彝族社群自愿、免费互助不断减少的现实状况感到惋惜。

郑无边导演认为物在影片中具有重要作用，物是仪式的外显和物质的载体、符号，是民族精神中的最高层次。他的纪录片拍摄观念是将景观当成一个完整的事件记录下来，人、物不做拆分，体现彝族万物有灵、整体主义的思想。郑无边导演是少数不考虑、不预设观众和对象的从事彝族题材影视生产的导演，他表示他只想从事彝族的文化传承工作，没有盈利以及评奖诉求。

3.3.4 楚雄、红河、石林等云南聚居区的影视从业者及相关影片介绍

高毕有（彝族）：《攮瘟神》（2016）

作者于 2020 年 9 月 10 日在线访谈石林彝族自治县长湖镇豆黑村的高毕有导演，访谈时间为 50 分钟。《攮瘟神》纪录片记录了云南石林县豆黑村的撒尼人在每年过年后的第一个虎月虎日，在密枝林和村寨里举行祈求，通过仪式赶走污秽，祈福来年家庭兴旺、家人安康的攮瘟神仪式。仪式由毕摩带领，只允许男性人员参与其中。仪式中物的使用十分丰富，包含鸡、羊、狗血、玉米、荞麦、竹竿等。与汉族导演记录撒尼彝族仪式不同的地方是，高毕有作为土生土长的石林县撒尼人，对撒尼传统文化十分了解，对彝族的身份认同感十分强烈。导演完整地呈现了毕摩带领村民完成攮瘟神仪式的全过程，他使用了参与式影视记录的方法进行拍摄，拍摄视角不断在第一人称、第三人称中进行切换，给受众极强的沉浸体验感。导演对攮瘟神过程中使用到的物亦进行思考，例如使用某种物作为仪式内容的历史缘由、生产方式缘由等。

近年来，交通发展、政策便利带来外出务工潮流，撒尼人生活水平普遍有所提高。撒尼人穿的民族服饰原本主要为撒尼妇女专长的手工刺绣，现在逐渐被机绣所替代。虽然撒尼彝族依旧没有改变对节日与仪式的保护与施行，但是外部商品经济发展也为撒尼社会带来了反思。在科学主义浪潮下，撒尼社会内部，尤其是年轻人，

也在思考这种利用物进行祈祷的原始宗教崇拜的科学性与实用性。但是撒尼人依旧坚守原来的传统文化，物和仪式代表了撒尼社会的主体性与独特性，也代表了撒尼社会对自己丰富的历史和民族文化的认同。

刘世生（彝族）：《光明的心弦》（2016）

作者于2021年3月21日线上访谈石林彝族自治县史志办主任刘世生，访谈时间为83分钟。刘世生是一个纪录片的爱好者，曾经拍摄过纪录片《光明的心弦》，该纪录片讲述撒尼人毕光明和他的巨无霸大三弦的故事。刘世生的创作初衷是因为个人对石林历史、文化的热爱，他向政府提出建议，并出台了《地方县治管理规定》，规定要求石林县重要活动必须要拍照片、视频保留，并根据实际情况做专题片和纪录片。刘世生和云南大学、昆明理工大学的老师们一同创作石林纪录片，并邀请专业人士来到石林县组织培训，既为石林县培养影视生产人才，又留下了丰富的影像资料。本书访谈对象高毕有就参加过云南大学在石林县开设的影视培训班。

刘世生认为石林影视生产一要突出石林自然景观，二是要体现民族优秀传统文化。刘世生强调了石林县自明朝中后期改土归流后民族融合的历史与现状，他认为如今的石林县以经济带文化，以文化反哺经济的文化生态建设态势良好，成正向循环趋势。石林县歌舞队数量十分多且参加活动均十分积极，石林县的刺绣文化保存良好、发展迅速，手绣、机绣齐头并进。刘世生认为石林的发展趋势非常好，文化特色鲜明突出，人们对文化的认同高等现状离不开石林县政府的考核要求和补助措施。石林县政府用教育及考试促进文化传承，石林人已经将把文化优势转成经济优势。除此之外，石林民族融合性非常高，民族关系矛盾少，歌舞活动彝族、汉族等民族一同参加，是民族团结进步示范县。

白家伟（彝族）：南涧彝族自治县彝族"哑巴节"、南涧彝族"跳菜"、南涧彝族"母虎日历碑"等系列报道

作者于 2021 年 3 月 30 日线上访谈大理白族自治州南涧县融媒体中心主任白家伟，访谈时间为 80 分钟。白家伟在访谈中提到了南涧彝族自治县彝族的习俗传承状况以及民族融合的状况。他认为南涧县各民族齐心合力脱贫攻坚，是民族团结的典范。

白家伟曾经拍摄过南涧彝族"跳菜"、公郎镇彝族"哑巴节"等专题片，对南涧彝族的文化习俗十分熟悉。他认为民族风俗习惯和禁忌以及其他民族的接受程度是南涧县融媒体人面对的职业挑战，是在多民族聚居区工作的融媒体人必须要提前做好的行业功课。此外，他认为在不同的媒介平台上要根据南涧县的现实情况进行不同的媒介内容生产，南涧县融媒体实践才刚起步，任重道远。

第4章 研究发现:"物"的影视生产与彝族身份认同实践

4.1 作为民族文化仪式载体的物

彝族有历史悠久、种类丰富的民族文化仪式,在这些仪式中经常会出现各种不同类型的物,这些物经影视作品的折射和构建,而成为民族文化仪式的重要载体。经观看影视资料和对创作者的访谈,作者发现,彝族影视生产者对这些物采取了整体主义的(holistic)处理方式,即利用丰富的影视生产手段,通过对自然之物的呈现,将毕摩、仪式和万物有灵、集体主义等传统观念集合起来,构成一个总体性的信仰体系。这在很大程度上表明,即使彝族题材影视作品中对物的使用因历史、意识形态和社会结构的变迁而不断变化,但"整体主义"目前仍是彝族题材影视生产的一个基本观念,其背后则折射出彝族信仰中"万物有灵"的核心地位。文化整体主义(holism)的观点,最早见于杨·史玛慈(Jan Smuts)于1926年出版的《整体主义与进化论》(*Holism and Evolution*)一书,这一概念最初被用来描述后殖民主义视域下的非洲土著文化有别于欧美文化的基本观念(Smuts,1926)。

4.1.1 毕摩的法器和法具

彝族影视中，对文化仪式的呈现和实施始终离不开毕摩①，几乎所有的物都是围绕着毕摩这个中心被组织和呈现的。在彝族人心目中，毕摩是不可侵犯的神圣存在，是为族人带来生活安康的精神领袖和传统守望者，是文化传承重要人物。毕摩在彝族文化传统中拥有德高望重的地位，纪录片《库施与都则》表明，有时连作为统治阶级的兹莫②也要听从毕摩的劝告和建议。在前现代时期，毕摩几乎垄断了文字和书写的权利，且毕摩是世袭制，一般传男不传女，也几乎不可传给其他历史上没有出现过毕摩的姓氏。

影视作品中的毕摩所拥有的旨在传承民族文化、实践民族仪式的最重要的象征物当属经卷和法器，这些经卷、法器遂成为彝族文化仪式影视作品的重要组成部分。根据纪录片《凉山彝族档案：彝族毕摩文献（美姑）》记载，彝族毕摩的经书文献是彝族祭司毕摩人员收集、整理、创作和使用的，反映彝族社会历史、文学艺术、风俗礼制、法律制度、医药卫生、军事思想、天文历法等内容的不同载体的史料，包括文字、图表等形式，载体类型则有棉纸、布书、老宣纸、牛皮纸、竹简、木犊等（赵积将，2015）。毕摩经卷

---

① 毕摩是彝族传统宗教中的祭司。在彝语中"毕"为举行宗教活动时祝赞诵经之意，"摩"意为长老或老师。毕摩产生的年代久远，据彝族传说，最早出现的毕摩家族是"施子史德"家，后来又有"两林""射舌"等家族相继成为毕摩。毕摩的宗教活动主要有玛都迪（做灵牌）、撮毕（送灵牌）、孜摩毕（念平安经）、卓尼硕（念净宅经）、消布（念消咒经）、撮那固（念治病经）、里次日（念咒鬼经）、撮日（念咒仇敌经）等。此外，毕摩还主持结盟仪式和在纠纷中主持神判仪式。

② 兹莫，亦为孜目、苴，中华人民共和国成立前凉山彝族奴隶社会五个等级中的最高统治阶级。

所记载的内容是彝族文化极其重要的历史记忆，是民族记忆的生动载体和遗产，也是彝族自古以来知识的汇总，可被视为理解彝族社会的百科全书。毕摩的经书分为路上方、路下方文献，路上方文献涉及祖先崇拜、生育繁衍等内容，佶屈聱牙，非大毕摩不能解读；路下方则是平常求福献祭等仪式所用的文献，文字使用相对简单，语言比较白话。毕摩经卷的内容涵盖彝族社会方方面面，以经书（见图4.1）为载体形成彝族源远流长的毕摩文化。毕摩掌握、传播彝族文化的主要方式是保存、抄写经书和不断地作毕①。在纪录片《彝问》《毕摩世家》中，为保存经书，彝族的毕摩经常重新抄写它们。纳雍县新闻中心出品的《解密神秘古老的彝族毕摩文化》揭示，诸多毕摩传家宝、彝文古籍已处于濒临断代的情况，急需人们拯救。

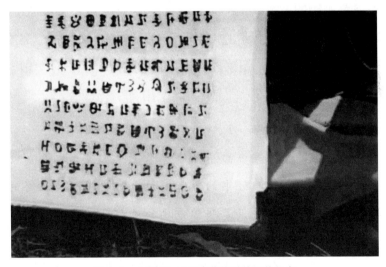

图4.1 《虎日》中毕摩作毕时使用的经书

除经书外，法器法具也是毕摩从事仪式活动的重要象征物，毕

---

① 作毕，即做法事。

摩常用的法器、法具包括法扇、法笠、法铃、签筒和经书，这些是其通达神灵、降妖除魔、禳灾祛祸、祈福纳福等所凭借的具有特殊神力的工具（尔古果果等，2010）。

在具体的影视作品中，除静态呈现经书、法器等物的样态外，生产者还利用多种叙事和表现手段，以这些物品为中介，将毕摩、仪式、观念勾连在一起，勾勒彝族人民的信仰，呈现彝族的整体性文化规范。如在影片《起源——魂》中，男主角因为女主角车祸去世而终日魂不守舍，他的家人希望毕摩能为他指点迷津，毕摩遂举行了招魂仪式，为生者招魂，为死者指路，使得生者和死者的灵魂互相牵连。男主角披上了擦尔瓦①，经过毕摩削树木、编草、拿着法扇，根据经书念经的仪式后，女主魂魄终于离开。此后十年，男主角不停地向毕摩学习文化知识，想要揭开魂魄的起源之谜。在以毕摩为主要人物的影视作品中，经书、法器等物作为仪式文化载体，以整体而非单一的形式出现，共同为彝族毕摩举行仪式的约定俗成的规则和秩序提供了象征。纪录片《撵瘟神》的导演高毕有即指出，在毕摩的仪式中（见图4.2），记录物的使用对于影视生产来说是非常重要的：

> 毕摩在祭祀过程当中画了一个什么图案？什么图形？他用了一个什么样的法器？经书的内容是什么？他用了什么样的贡品等等，这些对我们来说是非常重要的过程，就是说几乎所有

---

① 擦尔瓦，彝语音译，意为"披毡"，是凉山一带彝族男女使用的彝族传统服饰。这种披衫与原始游牧生活环境有密切的关系。擦尔瓦的样式分有流苏（穗状饰物）和无流苏两种，各自流行于不同地区。擦尔瓦用白、灰、青三色羊毛线织成，并织有方格纹、斜纹、水波纹及南瓜籽纹等花纹。缝制一件擦尔瓦，需7幅或9幅毛料，上端采用羊毛编成的粗绳缩口，下端有数目众多的长达30厘米的流苏。男女老幼，不论寒暑，终年披用擦尔瓦，它白天可用来抵御风雨，夜间则可用来作被子盖。

有过这样的训练的人在拍到这些的时候,只要条件允许,他的机位能够触及,他都一定会去强化这些东西,不仅仅是我。

图4.2 《攮瘟神》中毕摩手持法器进行瘟神驱赶仪式

4.1.2 以虎为代表的动物

《虎日》是由庄孔韶、王华联合执导的民族志纪录片,记录了2002年宁蒗彝族自治县(位于中国云南省丽江市)的彝族民众利用家支制度和盟誓禁毒的情景。

在这部纪录片中,最重要的物即为老虎。虎作为一种特殊的"物",在彝族文化中占据重要地位。根据彝族的民间史诗《梅葛》记载,在创始之初,天神派他的五个儿子去造天,但在造天的时候,天裂开了。天神认为虎是世界上最威猛的东西,于是便让他的儿子们将虎制服,用虎的一根大骨将天稳定下来。后来他们又用虎头做天头,虎尾做地尾,虎鼻做天鼻,虎耳做天耳,左眼做太阳,右眼做月亮,虎须做阳光,虎牙做星星,虎油做云彩,虎气做雾气,虎心做天心地胆,虎肚做大海,虎血做海水,大肠做成江,小肠做成河,虎肋做道路,虎皮做地皮,硬毛做树林,软毛做青草,细毛做秧苗……于是便有了今天的世间万物。"古老的彝族十月太阳历用以虎为首的十二属相记日,一轮为十二天,三轮为三十六天,为一个月;新年的第一个月叫'虎月'(汉族叫正月),因此,彝族十月太阳历又叫虎历,其源于虎图腾。建房、结婚、征战、节庆、举丧择日以虎日为最吉,认为虎图腾神会保佑彝人"(姜玮玮,2008)。纪录片《虎日》里的毕摩仪式中,处处可以体现彝族对虎的图腾崇拜。彝族人普遍自称为"倮倮",族称则为倮族或虎族。在民族志资料中,云南彝族方言"倮倮"是"龙虎"的音译;四川省凉山彝族自治州称呼公虎为"罗颇"、母虎为"罗摩",因而刘尧汉等学者提出"虎是彝族的原生图腾"的观点(陈自升,2016)。在仪式中,祭司毕摩披虎皮做法事,凉山彝族巫师供奉虎头法器(彝语为"罗图"),驱鬼使用的神扇(彝语为"切克")雕刻着虎和鹰。楚雄州的虎文化节和在南涧彝族自治县虎街村山神庙中供奉的"母虎日历碑"均是彝族虎崇拜的体现,对此,彝族"哑巴节""跳菜""母虎日历碑"等系列报道中的影视生产者白家伟认为,虎对于楚雄州来说具有重要认同作用:

> 彝族认为自己是虎的子孙,所以从这种角度上来看,我觉得穿带虎的衣服首先是一种认同,对本民族地区文化的认同……其实也有镇宅辟邪这种功能,像小孩子戴虎头帽,可能更多的是起到一种镇宅辟邪的作用。

《虎日》的导演杨洪林认为,对虎的原始宗教崇拜体现在彝族仪式、日常文化的方方面面,亦是纪录片《虎日》中原始物恋的显现:

> 这个片子,它的背景是看不见的物。从我们的角度,鸦片(泛指毒品)是看不到的。但它的语境是什么?为什么叫虎日?就是过去的虎日是ꅈꉙꀉꑌ(虎皮大过天),打仗的时候一般选择

第4章 研究发现:"物"的影视生产与彝族身份认同实践

虎日这一天,现在家族聚会,基本上也选择虎日,它是一个战争的语境,它背后有"禁毒是一场战争"的意思。

《虎日》所呈现的主要仪式即为盟誓,也就是歃血为盟。歃血为盟是彝族的古老传统,一般歃血为盟前会先由德古召开会议,取得众人同意后再作出决议,如参加盟誓者不遵守诺言,就会受到舆论谴责。杨洪林介绍说,歃血为盟一般使用牛、羊、猪、鸡等动物,这些动物在彝族的仪式中是经常出现的,它们在仪式中的牺牲具有固定性的特征:

> 就《虎日》这个片子来说,我们能看得见的物都是活物,牺牲(牛、猪)就是活物,用动物做牺牲来盟誓(见图4.3和图4.4)。因为彝族血缘观念很强,通过把牛、猪还有鸡杀掉,把血滴到碗里,歃血盟誓,血就跟人的生命连在一起了……彝族社会里牛是最大的(动物),用牛来祭祀,用牛来盟誓,这是最高的规格……此外,仪式中最吸引人的是(动物的)胆,牛胆、猪胆就挂在木头上,起到占卜的作用。

图4.3 《虎日》盟誓仪式中牺牲的牛

图 4.4 《虎日》盟誓仪式中牺牲的猪

歃血为盟仪式对各种活物的牺牲可以在彝族神话故事中找到根据。比如鸡的使用就有其神话传统。根据彝族经典创世史诗《俄勒特依》第四章《雪子十二支》记载,彝族人认为在天地演化的时候,天上下雪,在雪里面分出十二支雪族,其中身上流血的是六支,植物有六支没有血。鸡是"流血"的六支之一,因此用鸡做仪式对彝族人来说是非常具有神性的:"天上坠下一个火球,掉在大地上,燃起熊熊大火,烧了九天九夜,天地烧得黑烟滚滚、火光闪闪。火焰渐渐熄灭后,天上掉下桐树来,在地上霉烂了三年,起了三股雾,升到天空去,下了三场红雪。红雪在大地上化了九天九夜,九天化到晚,九夜化到亮,为成人类化,为成祖先化。……结冰成骨头,下雪成肌肉,风吹来做气,下雨来做血,星星做眼球,变成了雪类。雪族十二子,有血的六种,无血的六种。无血的是金石草木类,有血的是蛙蛇鸟兽之类。在这里,彝族先民将植物和动物作了分类,并认为它们都是雪的子孙"(马学良,1989)[687]。

人类和动物的雪起源说是一种自然创世说,表达了彝族关于人类起源的朴素唯物主义思想。既然人和动物都是共祖的,且万物都有灵魂,那么就可以用动物来表征人的命运。在仪式中,根据万物有灵的观点，彝族将无法理解、控制的自然现象物化成神灵和鬼魂，并通过具体的具有象征含义的物跟神、鬼打交道。由是，毕摩和仪式经由对物的呈现勾连起来，制造了一个视觉上的象征体系。而在这一象征体系中，不同的物"各司其职"、无一虚置，反映的则是彝族的起源论以及万物有灵的观念。

除歃血为盟外，赎回仪式①也是《虎日》中非常重要的仪式。在赎回仪式中，彝族利用猪的牺牲来换回人的灵魂，用鸡来祭祀自己对石头的崇拜。例如，杨洪林在访谈中表示：

> 影片中有一个家庭小仪式，家里有一条绳子，绳上串着三根柳树木枝，"ƶ"意为树枝。小树枝共三根，一根花的、一根白的、一根黑的，柳树的皮全部削掉的是白色的，不削的是黑色的，中间削一半的是花的。黑白花，指三种不同的状态，黑是最严肃的，白是最轻的，花就是中间。彝族人认为人的灵魂是被关在一个天体里的。一方面，三根树枝代表三种不同性质的罪恶；另一方面，也可以模拟成用树枝把监狱里的门敲开，把人的灵魂换回来。所以最后一个仪式是赎回仪式。赎回仪式里面的活物当然是猪了，用猪的牺牲来换回人的灵魂……我们使用鸡来祭祀石头，吸毒者对着石头发誓，将来有人卖毒品之类乱七八糟的东西给我们的时候，我们要去找吸毒的人，石头就是见证之物。

通过观看纪录片，可知在赎回仪式中，毕摩之所以可以使用树枝、鸡、石头来完成换回灵魂的仪式，除了因为彝族具有万物有灵的观念，还因为这一仪式背后是一种整体主义的文化观。在仪式中，毕摩通过物，将仪式参与者、彝族哲学观念、仪式目的等连成

---

① 赎回仪式即指利用牺牲的鸡、牛、羊来换回人的灵魂的巫术仪式。

一体。而因为熟知仪式的过程，彝族影视生产者，亦即纪录片的拍摄制作人员也完整地参与了仪式，成为影视作品的有机组成部分。这种介入性的影视生产实践，并不被视为"非专业"，这本身就是物、人不分离，物、物不分离的整体主义的体现。

纪录片《撵瘟神》也遵循了整体主义的处理原则。《撵瘟神》呈现了云南省石林县豆黑村的撒尼人（彝族的一个支系）于每年过年后的第一个虎月虎日在密枝林和村寨里举行的旨在赶走污秽、祈求家庭兴旺和家人安康的"撵瘟神仪式"。《撵瘟神》的创作者高毕有导演在访谈中详细地介绍了影视作品中物的呈现：

> 村中每户家里面都会准备一些饭菜，是给过世的人泼出去，和给鬼魂们吃的。每家每户都要提前准备用大碗装的玉米，然后再装酒、一些糖果、米还有鞭炮等。这些怎么用呢？毕摩进到家里面后，他就开始说类似这样的话："今天我们来这里把你们这些不干不净的东西全部免掉，我开始敲敲打打。"然后后面跟着一帮人，每家每户都来一个男性，还有一些小孩子，就跟着一起来。一开始每家每户是关着门的，然后毕摩还有这些人去了以后再把门打开。首先那些小孩子就把这些玉米抓起来，抓一把玉米，然后就在屋里面到处撒玉米籽，就相当于用玉米把家里面不干净的东西全部给撵出去。最后还会用到狗血。要把狗血涂抹在门上面。不干净的东西被玉米全部撵出去后，再把门关上，然后再一次把狗血涂在门上，就相当于给它封印起来，说明里面是很干净了，外面的那些脏的东西就不要再进去了。还用到了一只白公鸡，绑在竹竿上面，然后有一个人扛着这只白公鸡，在撒玉米的过程中，沿着房子环绕一周，也是一个清洁的过程。另外每家每户要把碗放在一个架子上面，相当于担架。但是它是代表的是一顶轿子，原来使用的那种轿子，

把那些不干净的物品就放到上面。每家放一点，最后再把这些连同碗里面的那些东西一起送到村子的北边。要抬的东西很多，所以其实架子是不可能把所有家的东西都装进去的，或者说要分好几次来装，装满了以后把东西腾出来，装在口袋里面，不停地这样循环。最后撵完以后，门关好用狗血来封印，封完印还要放鞭炮，也是用鞭炮来把这些不干净的东西给撵掉。差不多这几步，每家每户全部就照着这仪式，按照这个过程走。把所有的瘟神都撵完以后，村子的每个路口的树上又绑上提前布置好的绳子，绳子上面还绑着一些刀形状的东西，还有一些令牌，把那个路口给围起来，就相当于说不要再回，撵出去的那些瘟神不要再让他们再进来。这里面说到全村，但是这个仪式女性还是要回避的，我们敲锣打鼓的，敲敲打打，不管是到哪里，都一路这样敲敲打打。敲打的目的，一个是在于撵这些不干净的东西走，另外一个也是在告诉前面的那几家，如果有女性在家或者在附近的话，就要赶紧回避。

在《撵瘟神》中，玉米籽、狗血等物起到了象征的作用，撒尼彝族用玉米籽象征瘟神，用狗血象征神灵的封印，这也是彝族传统万物有灵观念的体现。在原始自然崇拜的仪式中，因民众生产力水平和医疗条件水平低下、科学知识掌握较弱，故在面对疾病、死亡、灾难等困难时往往缺乏有效的应对措施，因此象征邪恶的瘟神等神、鬼的概念被具象化。前现代彝族人认为天灾人祸的发生皆因具体的神或鬼在起作用，因此才举行撵瘟神的仪式，期望如扫灰尘一样驱赶神、鬼之类的东西。高毕有认为，彝族在仪式中使用的物件是具有独特性的，能够体现出独特的彝族文化：

> 我觉得物能够凸显我拍的民族（彝族）和其他民族的本质区别，因为我镜头中的物，在其他地方的仪式中，可能不会出现。

除虎以外，鹰也在彝族题材影视作品中频繁出现。和虎一样，鹰也是彝族动物崇拜中的重要部分，彝族人将鹰当成彝族的崇拜对象。在影片《世界》中，主人公通过鹰的方向找到了象征英雄的篮球，支教老师也在课堂上教大家关于鹰的谚语；在彝族著名乐队山鹰组合的音乐短片中，时常能够见到盘旋在天空的鹰；在禁毒影片《尝失》中，导演通过鹰和彝区自然景观的蒙太奇剪辑，表达了自己对鹰一般坚强、孤傲的凉山彝族而今却因毒品遭受重创的悲痛。《世界》的编剧土比媛媛向作者解释了影视作品中出现鹰的原因：

> 鹰在彝族里其实象征的是豪迈，是向往自由。因为鹰可以飞，只有鹰可以站在山上俯视下面，可以自由自在地翱翔。而我们人只能在大山里，渴望翻过一座又一座大山。

在《世界》中扮演支教老师的生特吾姬也有同样的感受：

> 我在剧中扮演支教老师。在给孩子们上课的时候，我曾教给大家一首诗，是李白的《观放白鹰二首》中的第二首。诗的意思大概是麻雀看到鹰掉下来了，就跟其他小麻雀说，你看这只鹰还不是掉下来了。但是鹰就说，总有一天它会重返天上的。我想要通过这首诗告诉彝族同学们，人应该像鹰一样，只有站得高才能看得远，我们应该越过一座一座的高山，去看外面的世界。

彝族著名普法剧《听见凉山》的导演马达认为，虎、鹰等动物在影片中的出现，能够代表彝族的精神世界，展示彝族信仰世界的独特性：

> 我理解的物既是存在现实中的物，又有彝族人精神信仰世界中的物。作为影视生产者，我是中华民族的一员，但是在体现彝

族精神世界的时候也应该出现相应的物,要有鹰、虎等动物,这些体现彝族信仰的物,一定要在彝族影视作品中凸显出来。

彝族题材影视作品中对虎、鹰的展示遵循彝族影视生产的整体主义原则,因为虎、鹰往往是和其他物一起出现的。人、虎、鹰等在彝族题材影视作品中作为整体的呈现,共同体现了彝族题材影视生产者对彝族人平安顺意、自由生活的愿望。

4.1.3 树、石、山、火

彝族影片中自然物十分丰富,彼此不可分离,往往纠缠在一起。比如在纪录片《彝族终身大事》中,导演通过彝族出嫁少女的视角将彝族对山、日、月、火、水的崇拜刻画出来。在杨蕊导演的纪录片《毕摩纪》中,导演跟随彝族著名歌手吉克曲布来到四川省大凉山美姑县,拍摄三位具有代表意义的大祭司:招魂毕摩、咒人毕摩、村官毕摩。在纪录片中,毕摩在仪式前通过在地上插入树枝来模拟森林和宇宙以及对圣山"硕诺山"的崇敬,随后在石头上刻字,向神石祈祷风调雨顺,防止风雹入侵。仪式内容则体现出彝族人万物有灵、多重拜物的观念。树木、石头、山是彝族题材影视作品中经常出现的自然崇拜中的物元素。树木崇拜是毕摩祭祀仪式中的一部分,毕摩在祭祀仪式中大多环节都离不开树木。纪录片《撒尼男人的盛典》记录了云南石林撒尼彝族的密枝节①祭祀仪式。

---

① "密枝节"又称"祭密枝",一年一度的"密枝节"活动是石林县彝族撒尼人最为盛大的祭祀活动和民族节日。密枝林是石林县彝族撒尼村寨附近一片树木茂盛的树林,撒尼人认为,密枝林中的一草一木都有神性和神力,是神圣不可侵犯的神林和圣地。撒尼人原始信仰中奉行的是万物有灵,如对"神树"崇拜:密枝节祭祀的是密枝斯玛,根据传说,密枝斯玛保护整个村子风调雨顺、六畜兴旺,庄稼收成好,村民身体安康。

在《撒尼男人的盛典》与《撵瘟神》等撒尼彝族创作的纪录片中，树木不仅与神灵相同，其灵力也同样能够与鬼感应：一方面树木具有通神通灵的作用，另一方面具有禳解功能，用神树的神力驱邪治鬼（巴莫曲布嫫，2004）[114-116]。

在对影视生产者的访谈中，高毕有深入解释了他对树木和石头在仪式中的意义的理解：树木和石头承载着撒尼彝族祈求村里风调雨顺的希冀。这也是在影视作品中选择这些物的元素进行拍摄的原因：

> 其实我们彝族人一直有好多这种祭祀活动，总会找这么一棵古老而高大的树，然后就在大树底下完成这么一个仪式。除了密枝节，我们这边还有山神庙对不对？其实山神庙可能到处都有，这些山神庙也会建在比较高大的树木底下，可能还是来源于自然崇拜。在密枝林里面，其实它有大树，大树底下还有一个摆放密枝神的石洞，石洞里面放着一块石头，这块石头仿照人类的生殖器，我们其实过密枝节也就是在祭祀密枝神。每个村的密枝神其实是不一样的，有的时候可能是公的，有的村子可能是母的，如果是公的密枝神，肯定要找一块比较有代表性的阳刚的那种石头，如果是母性的密枝神的话，就会找一个与女性的特征相吻合的石头。

在《虎日》的赎回仪式中，嘉日家支的头人将鸡的血洒在石头上（见图4.5），杨洪林认为这体现了彝族万物有灵的观念：

> 这块石头现在还在，石头也是万物有灵的，这次拍《虎日2》，石头还用上了，这块石头还被庄孔韶老师模拟了，我们在博物馆里面展览的时候把这块石头按照原尺寸制作出来，不过是用塑料做的。在《虎日2》中也做了一个仪式，这个片子的

第4章 研究发现:"物"的影视生产与彝族身份认同实践

片头是从这块石头开始的。

图4.5 《虎日》盟誓仪式中的石头

除树木外,石崇拜在彝族文化中的存在也有悠久的历史,彝族传统仪式中出现的不同形状的石头实际上是女性、男性生殖器的象征物,象征对女性、男性的生殖崇拜(刘操,2016)。彝族人对石头的原始崇拜延续至今,在石头上盟刻这一行为在小型仪式中并不常见,只有在非常大型的仪式现场才会见到。前文中提到的《虎日》的盟誓仪式中也有关于石崇拜的体现:"最后,禁毒委员会的家族长老祈祷,并在坚硬岩石上刻'十'字,这是被彝族人视为永恒的象征,表达他们誓与毒品斗争到底的高亢声音在山谷中久久回荡"(庄孔韶,2005)。

另外,彝族多住在山区中,山崇拜也是其自然物崇拜的重要主题。对此,彝族制片人、歌手阿果长幸认为,对山的崇拜其实体现了彝族的智慧:

我们的祖先是喜欢占据高山为自己的地盘,这是为什么?因为那个时候缺乏资源,没有吃的、喝的,没有木材,也没有水。而且当时是战乱时代,那个时候你在高的地方生活,你就会保护到自己,因为高山上适合隐蔽,适合作战。而且在山上的话,木材、水这些资源也特别丰富,彝族人就可以生存下来了。所以在高山上生活是综合了很多的元素。我们的祖先是特别喜欢去高山里面居住的，并且会祭祀、崇拜山，希望山能保佑他们风调雨顺。如果你要放在当时的场景来分析他们的居住地的选择的话，其实他们是很聪明的。

　　在古代，很多彝族人依靠打猎为生，中华人民共和国成立后虽逐渐禁猎，但偷猎现象仍时有发生。本研究关注的电影作品《撵山队》《走山人》《凤凰树下》等即围绕着山、捕猎等主题展开讨论。在歌手吉克曲布主演的电影《走山人》里，走山人的爸爸即认为："那些山，那些水，是我们的家园。我们的魂归之所，山是我们的家，我们是山里人。我们人类只要固守生存的法则，就会天地祥和，四野安宁，欣欣向荣，森林茂盛，百兽兴旺。"在剧情中，爸爸为保护国家珍贵野生动物而被盗猎分子杀害，走山人接过爸爸的接力棒，继续完成保卫祖国大好河山和野生动物的使命。在歌手约里导演的电影《撵山队》中，偷猎者遇到了熊等具有攻击性的野生动物，灵魂还被彝族传统鬼故事中的山妖老太婆所伤害，最后几乎全部受伤死亡。《凤凰树下》也强调了村民禁绝打猎，上缴猎枪的必要性。彝族对山的崇拜和保护文化十分古老，即使到现在依旧有杀鸡祭祀山神庙、祈求家庭兴旺的习俗。李亚威导演的大型纪录片《火之舞——告诉你一个楚雄》中有一集名为"山的童话"，介绍山作为彝族人民生长的地方如何保护和守护着世世代代的彝族人，无论是祭祀还是举行节日，彝人们都纷纷聚集在山上，共同祭拜祖先、欢度节日、商议民族事务（刘童童，2018）。

　　同时，彝族是祭火的民族，火是建构彝族民族身份、体现彝族团结和凝聚力的最重要的元素之一。在《克智少年》《我的名字叫诗薇》《明天我是谁》《火把节》等众多故事片、纪录片中均反复出现

第4章 研究发现："物"的影视生产与彝族身份认同实践

一家人围坐在火塘边聊天的场景。在彝族创世神话中，黑体拉巴①用火烧死了天神派下来的蝗虫从而保护了庄稼，故而在彝族文化中，火不仅能够抵御寒冷，更是战胜自然、反抗不公平的命运的象征。正因如此，火是彝族题材影视作品中最重要物（姑且称之为物）之一，是各种仪式的重要组成部分。白家伟认为火在彝族的火把节仪式中具有祛除灾祸的作用：

> 在中间有一堆火，其他的群众打歌打得正高兴、正忘我的时候，装哑巴的这群表演者、祭祀者，就会从一个大家意想不到的地方跑出来，一边吼着，一边从火上跳过去，要跳好几个来回。凤凰、麒麟就在旁边跳，跳的目的就是根据传说，在火旁跳舞能驱除一些不好的东西，具有祈福的作用。

彝族最重要的民族节日火把节是彝族人对火的崇拜最集中的体现，彰显了火在民族文化中无可取代的地位。而所有关于火把节的纪录片、故事片中都会对火进行强调。纪录片《火把节》的导演杨洪林在接受访谈时介绍了他对火的处理：

> 火把节是云南众多民族节日中十分重要的一个。我把拍摄地点选在凉山北部区域，我们称作什扎，就是我们的老家。我拍的是一场以家庭为单位的祭祀：第一天干什么，第二天干什么，第三天家庭又怎么样参与到更大的社区里面……我以一个家庭的一个小女孩为主线，记录她怎么在城镇集市里面买鸡然

---

① 传说中的彝族英雄。天神恩体古孜放出铺天盖地的天虫（蝗虫）到人间毁灭成熟的庄稼，为对付蝗虫，黑体拉巴带领民众上山扎蒿秆火把，扎了三天三夜的火把，烧了三天三夜的火把，终于烧死了所有的天虫，保住了庄稼。之后恩体古孜使用法力将劳累过度的黑体拉巴变成了一座高山。从此，彝族人为了纪念黑体拉巴，每年的农历六月二十四这天便要以传统方式击打燧石点燃圣火，燃起火把，走向田野，以祈求风调雨顺、来年丰收。

后回家。第二天妈妈就抱着母鸡去田地里面转圈，在苦荞地里面转，因为彝族过火把节需要仔母鸡，就是没有下过仔的那种母鸡，然后带它在地里面转一圈，是受孕的意思。然后父亲也开始找毕摩做仪式、念经、杀鸡。这样我就把个人的、家庭的、社区的、区域的发生的事情都串联起来。远古的取火是用石头引火，火能够越烧越大。火大起来的时候，小女孩就拿着火把。我们那有一种草叫蒿枝，火把就点在这个上面，火就燃烧起来，小女孩就抬着火一串一串走，这就是片头。

在《火把节》中，除火之外，我们再次看到之前分析过的其他物在仪式中的作用，如仔母鸡象征未生育过的洁净之物。彝族仪式对洁净的要求非常高，以未下过蛋的母鸡象征"洁净"的抽象概念，再次体现万物有灵观。在仪式中将鸡杀掉，则源于原始自然崇拜中的献祭思想。这样，物将家庭各个成员在火把节中串联成一个整体。同时，小女孩的火将整个社群、民族串联成一个整体，也体现了万物有灵、集体主义的思想，彰显了文化整体性对于彝族人建构、维持其信仰的重要意义。

彝族影视创作者郑无边也拍摄过名为《火把节》的纪录片，他在片中详细呈现了贵州省盘州市哑嘧村火把节的仪式现场。虽然和其他影视生产者拍摄的地点不同，但是他在访谈中表示自己也遵循了整体主义的原则：

> 我从不考虑受众的接受度，因为我没有预设观众和对象是谁，我只想做文化传承。我是不带目的去拍的，也没有想过是否要上院线，也没有想过要参加电影节、纪录片影展的评选。拍摄时，我把《火把节》当成一个事件记录下来，人、物没有拆分，都完整保留下来。

第4章 研究发现:"物"的影视生产与彝族身份认同实践

通过对影视资料的分析和对创作者的访谈,能够归纳出彝族影视处理"自然之物"的一个重要原则,那就是"平等"。不但影视作品中出现的物没有高低之分,就是在影视生产者眼中,它们也各司其职,各有其象征意义,共同构成了信仰的这个整体。通过对树、石、山、火等自然之物的平等呈现,彝族题材影视生产者生动地将彝族万物有灵的传统观念具体化。这种观念的深刻,决定了对物的处理要遵照事物发展的客观,不分高低、贵贱,并将物作为观念及信仰体现的整体融入仪式中。

此外,以高毕有为代表的彝族影视生产者认为,撵瘟神、密枝节、火把节等仪式对各种物的态度的背后,其实是彝族文化的集体主义特质,体现了民族的团结性:

> 你看这些仪式对这些东西的使用,其实从很早以前就开始有了。现在医疗科学技术那么发达,怎么还在搞这个仪式呢?这个我倒是没有问过村民,但是我觉得他们多多少少在内心里面肯定会觉得这些东西其实也不见得会起作用,但是这个是传统,相当于它已经变成一种民俗活动了,所以人们都愿意一起努力把它坚持下来。

正是在这种观念的影响下,彝族影视生产者将自己和拍摄对象融为一体,使用了参与式影像记录的方法进行拍摄,拍摄视角不断在第一人称、第三人称之间进行切换,给观众极强的沉浸式体验感。同时他们也将影视作品中的毕摩、仪式、集体主义观念通过具体的、富有独特性的物融为一体,强化彝族影视生产者在处理影视资料时的整体主义原则。

4.1.4 物与社会关系

在之前的影视资料分析中,我们发现彝族题材影视中的物主要与自然界相联系,以实现对万物有灵的具体化。但我们要认识到,彝族的万物有灵观念除了体现为自然崇拜,即对"物灵"的崇拜,也体现为祖先崇拜,即对"人灵"的崇拜(马学良,1993)[7]。中华人民共和国成立前,不同彝区虽然处于不同的社会发展阶段,但是其崇拜仪式的演变却经历了相似的进程,即均呈现出从图腾崇拜演变至自然崇拜和祖先崇拜,且自然崇拜和祖先崇拜二者是同时出现的。在祖先崇拜中,则呈现出"从氏族女性祖先崇拜开始过渡到氏族男性祖先崇拜、部落贵族祖先崇拜、宗族祖先崇拜,直到家庭近祖崇拜"的演变过程(马学良,1993)[3]。

对原始崇拜的逻辑做出理解,是探寻彝族古老社会的政治、经济、文化秩序及其治理体系形态的必经之路,因为从物灵崇拜到人灵崇拜这一原始物恋形态更替的过程,体现的是彝族社会经济制度的变迁。而基于从"物灵崇拜"到"人灵崇拜"的发展规律,彝族社会以一系列文化仪式为载体,发展起了一整套社会关系体系。

例如,在奴隶制和封建领土制社会阶段,宗族是进行社会生产和生活的单位和基础,彝族社会即流行以宗族为中心的宗族祖先崇拜。在实施改土归流后,彝族社会基本经济制度改为以家庭为单位的个体小农经济,宗族崇拜的社会基础消失了,"以父子两代和祖孙三代的共同生产劳动和互相照顾则成为财富的来源和幸福的根本保证"(马学良,1993)[11],因此主要崇拜形态变为以家庭为单位,对父亲、祖父、曾祖父的近祖崇拜。这种崇拜形态在很多彝族地区一直延续至今。且"在家灵这个阶序上,祖灵由于其'地位'还没

第4章 研究发现:"物"的影视生产与彝族身份认同实践

有上升为族灵,其全能范围只能在家庭内部"(巴莫阿依,1994)[150-159],其全能具有"有限性"和"我向性"两个特点,并让彝族人对祖灵信仰具有"敬与畏""爱与恶""即与离"三个方面的矛盾心态。一方面,在祖灵崇拜信仰体系内,以献祭为代表的影视悲剧叙事可以建立、维持、恢复和祖灵的良好关系,期待获得保护;另一方面则是为了祭而使之远,避免祖灵降灾。因此,巴莫阿依认为,这种"献祭在貌似单纯的给予、奉献之面纱下掩藏的是互惠与互换"(巴莫阿依,1994)[80]。

不同于之前对树木、石头、火等物灵的崇拜,尼木措毕仪式,即送灵归祖仪式,就属于人灵崇拜。纪录片《彝问》完整呈现了尼木措毕仪式的全过程。彝族人认为兹兹普乌①就是彝族人心中的祖地,尼木措毕使得已故彝人父母的亡魂回到祖先居住的地方,使灵魂得以超度,让祖灵在祖地乐土生息,接受子孙的祭祀,庇荫后代繁衍昌盛(吉尔体日,2013)[14]。仪式中毕摩用不同的树枝制作灵桩木牌,并吟诵《指路经》②以召唤亡灵,为灵魂驱除苦难与疾病,让祖灵平静纯洁。彝族的生死观平静且坦然,但他们非常在乎死后灵魂会不会回到祖地。不同地区的《指路经》内容不同,每一部都

---

① 兹兹普乌是千万彝族人心中的圣地,是彝族祖先阿普笃慕居住的地方,彝人死后灵魂的归宿地。据彝文文献记载,彝族在历史上,曾经历了洪水泛滥的时代,在战胜洪水之后,由始祖笃慕主持,将其子民分为武、乍、糯、恒、布、默六支,每两支人为一联盟形式,向一个方向迁徙、拓疆,将彝族先民分向各地,形成古代南中具有影响的民族。后世的彝族把这一次重大的历史活动称为"六祖分支"。彝族人认为,人去世后,魂灵必须回到祖先发祥地,也就是回到"六祖分支"地去。现存的18部彝文《指路经》,其终点大多指向滇东北,特别是今天的云南昭通。"六祖分支"发生在昭通,昭通是彝族文化的发祥地。

② 指路经是彝族给亡者举行祭祀活动时吟诵的一种特定的古典经文。其内容是为亡者的灵魂指路使之返回远古时代祖先居住的地方与祖先团聚。彝族支系繁多,小聚居大分散,各地亡者接受指引的线路虽不同,但它真实地描绘了当地彝族先民的迁徙路线。

表明了不同家支的迁徙史。把每个家支的《指路经》集中起来，就构成一部古代彝族迁徙发展的路线图。在尼木措毕仪式中，特定的物与祖先崇拜的行为之间建立了极为紧密的联系。如高毕有认为，对于尼木措毕仪式的完成而言，用于象征祖灵崇拜的三种树枝是不可或缺的：

> 说到祖先崇拜，我就要讲到祖灵。老人过世以后，要做一个"制作祖灵"，相当于汉族的那种排位木牌。但汉族的排位只是一块木牌，上面写上逝者的姓名；而我们石林的祖灵灵牌还有逝者的头发和指甲等，要把这些放在里面，所有过世的人都要做这么一个祖灵。然后外面还有一个祖灵洞，祖灵洞的位置和里面不同家族祖灵的摆放都按照规矩来。说到祖灵，我们这边会用三种树枝（见图4.6）。制作祖灵的时候，一种是青松的枝，学名叫云南松，就是云南松的松枝。一种栎树的树枝，我们这边叫青冈栎树枝，我们不管是什么祭祀都会用到这两种树枝。还用了一种竹节草，我们这边叫野竹，野竹长在石头缝里，反正有石头的地方，一般就会有野竹。在制作祖灵的时候，男性用九节竹节草，女性用七节竹节草。

图4.6 《攫瘟神》中用来制作祖灵的三种树枝

把竹节草做成人的形状、人的模样，再把人的头发、指甲包裹在竹节草上。

高毕有进一步解释道，使用这三种树枝，其实源于对彝族神话传说的记忆和理解：

> 为什么会用到青冈栎树这些呢？这跟一个传说有关系，就是洪水泛滥、诺亚方舟那种传说。我们的传说是，远古的时候有四兄妹，三个哥哥、一个妹妹。我们这边洪水泛滥源于四兄妹跟一个天神的故事。简单来说，四兄妹去地里犁地，今天犁了，明天翻起来的土全部又回去了，恢复原样了。今天他们去翻土，然后明天又恢复原样，明天接着再翻，然后后天又恢复原样，就是反反复复的好几天。他们觉得有谁在阻止他们。后来他们就躲在暗处观察，发现有一个白胡子天神老人，拐棍一挥，那些翻起来的土就恢复原样。这四兄妹就跑过去，问天神："你为什么这样做？"老大和老二说要把天神老人给抓起来，好好整治一下。那个老人跟他们说："你们犁地不要再翻土了，因为马上洪水就要来了，这些工作都是无用的，还不如赶快逃命。"四兄妹接着就问："我们要怎么逃？我们该怎么办？"然后天神就告诉他们："我这里有三个箱子，一个是金箱子，一个是银箱子，还有一个是木箱子。"老大比较贪财，就要了金箱子；老二赶紧把银箱子抢了。然后，老大、老二就爬进箱子里面，只剩一个木箱。老三和最小的妹妹就没有办法，只能躲进木箱子里面。最后天神还告诉他们："你们每个人拿一个鸡蛋，把这个鸡蛋放在你自己的胳肢窝里面，哪天鸡蛋孵出小鸡了，你们就可以把这个箱子打开了，那个时候可能就是洪水过去了。就这样，老大选了个金箱子，他沉到水里淹死了，老二也是这样。老三和最小

的妹妹在木箱子里面漂起来，然后小鸡孵出来以后打开木箱子，他们就发现是在一个悬崖峭壁上面，刚好悬崖上面有青松枝和青冈栎树，也就是刚才我说的两种树枝。木箱子卡在树枝上面，他们也就得救了。我也是听毕摩讲的这些，所以不管什么祭祀活动都会用到这两种树枝，就是源于这么一个神话故事。

通过介绍制作祖灵的树枝以及背后的神话起源，彝族影视生产者将物和彝族的历史、文化结合起来。仪式中的物从来都不是简单的摆设，它背后体现了彝族的传统历史文化，以及保留、传承的状况。

此外，也有受访者提出，彝族的万物有灵论和自然、近祖等原始崇拜是一种朴素唯物主义的状态。如杨洪林认为：

我理解的这种宗教形态，是一种非常具象化的，通过物来跟神来建立联系的形态。通过吃羊肉、稀饭，然后去跟神建立联系，这种宗教形态，是一种非常朴素的唯物主义，是最早的一种物质形态。在云南很多地方，接触神都必须要借助物，这和其他宗教可能是不同的一种形态，所以说这可能就是不同的历史文化所导致的不同结果。

恩格斯曾在《反杜林论》中叙述："一切宗教都不过是支配着人们日常生活的外部力量在人们头脑中的幻想的反映，在这种反映中，人间的力量采取了超人间的力量的形式。在历史的初期，首先是自然力量获得了这样的反映，而在进一步的发展中，在不同的民族那里又经历了极为不同和极为复杂的人格化"（马克思等，1956）[341]。马克思在《德意志意识形态》中反思物质和意识的关系时也曾作出如下判定："……自然界起初是作为一种完全异己的、

第 4 章 研究发现:"物"的影视生产与彝族身份认同实践

有无限威力的和不可制服的力量与人们对立的,人们同自然界的关系完全像动物同自然界的关系一样,人们就像牲畜一样慑服于自然界,因而,这是对自然界的一种纯粹动物式的意识(自然宗教)"(马克思等,2018)[534]。物恋就是这样一个原初的形式。在社会的最初形态中,人的依赖关系具有一定的狭隘性,无论是在自然宗教或是民间宗教中,在试图祈福的祭祀仪式或是驱赶鬼神的巫术仪式中,原始宗教的出发点和利益获得者都是人,一切都是为了对现实的人的保护。因为人类无法控制自然力量,为造福生产劳动和正常生活,于是将水、火、树木等具有实体形态且能够影响物质生产的具体物体作为崇拜对象,以祈求社会风调雨顺、安稳和平。对彝族人来说,对物的崇拜终究是为了保护民族正常生产、加强凝聚力,促进彝族社会内部保持稳定、繁荣昌盛。

彝族民族文化仪式体系十分复杂,通过呈现这些仪式的影视作品,可以看出彝族影视生产者独特的民族身份认同和强烈的文化凝聚力。而对这些仪式中的物的处理,则体现了彝族人对其民族文化观有意识的再现,是彝族人将个体记忆融入民族文化脉络的重要方式。这些影视中出现的物的体系,其最主要的结构特征就是"平等",不同的物之间没有高低之分,在镜头中各司其职、各有其象征意义,共同构成了万物有灵的整体主义文化观。整体主义是彝族仪式类影视生产实践的重要理念,在这些影视作品中,物作为勾连仪式、毕摩、观念的中介,将彝族人构建成了一个信仰的整体。换言之,在彝族题材影视生产中,整体主义的创作理念既符合彝族传统的历史文化以及社会组织原则,更承载着彝族人对其传统生活方式和文化身份的坚持,其变化过程也体现了彝族社会发展和意识形态的变迁。

4.2 作为日常生活要素的物

彝族题材影视作品中的物，亦以"日常生活要素"的形式广泛存在，这些物包括服饰、食物、工艺、建筑等。在对这些物进行处理时，彝族影视生产者一方面倾向于利用它们来"对抗"日常生活中出现的诸多问题，另一方面也据此将彝族文化传统与彝族社会现代面貌联系起来，以作为日常生活要素的物的改变过程来隐喻彝族文化的现代化进程。以郑无边、沙玛欢庚为代表的彝族影视创作者均认为"日常之物"是体现彝族人精神认同的重要符号，是彝族文化变迁的象征。郑无边、沙玛欢庚在访谈中表示：

> 物是仪式的外显和载体，是生活的符号和象征，是民族精神性最高层次的部分。无论多么平常的东西，都代表着我们民族的特点。

> 这些东西第一能代表我们彝族的审美，第二能代表我们彝族生活的环境，你看到这个东西，就能够大概想象出彝族是一个什么样的民族，是生活在什么环境里的一个民族……现在不仅仅我们彝族人自己，有时候其实连汉族朋友在拍电影的时候，也会用到一些我们彝族的物件。比如彝族的一些漆器、一些服装，还有彝族的祭祖台，祭祖台上摆的一些道具，比如肉、酒、烟。这些东西在关于彝族的作品中，都会有意识地通过影视作品表现出来。

4.2.1 火塘、漆器与家庭生活

火塘是几乎出现在所有彝族题材影视作品中的重要"日常生活要素"。对于火塘的解读，有助于我们以物为中介，深入理解彝族家庭关系的独特构成。

在电影《明天我是谁》中，有一场戏是全家人在火塘边吃饭。在画面中，所有人都围坐在火塘旁边，先喝茶，再在火塘上烧两个洋芋，最后把两块肉在火塘上烤一下。在这里，有形地突出彝族特色的物件包括彝族的传统服装、首饰，具有彝族风格的碗，以及洋芋等食物。火塘是彝族生活中的重要物件，除《明天我是谁》外，在《克智少年》《我的名字叫诗薇》等众多剧情片、纪录片中均有经过一天的劳作之后，全家族人以长幼秩序围坐在锅庄火塘边烤火聊天、畅想未来的场景（见图 4.7 和图 4.8）。影片《我的名字叫诗薇》的导演金科诗薇在访谈中指出，彝族题材影视作品中出现的火塘象征着彝族的大局观与凝聚力：

> 我觉得锅庄火塘体现的是彝族人的大局观。怎么说呢？因为每个彝族家庭里的火塘上都有一个锅庄，在经过一天的劳作之后，全家人都会长幼有序地围坐在锅庄火塘边上，一边谈话交流，一边规划家族成员共同的未来……都是在火塘边上完成的。也就是说，这个活动不是关于自己的，而是关于大家的，这就是一种大局观。

另一位受访者杨大卫谈到自己在拍摄过程中如何进行适宜的镜头调度和光影设置，以求捕捉到真实的、符合自己记忆的关于火塘的镜头：

镜头下的火塘——"物"像生产与身份认同

图4.7 《克智少年》中彝族围绕在火塘边举行克智比赛①

图4.8 《我的名字叫诗薇》中女主角一家人围在火塘边说话

在拍和彝族有关的东西的时候，很多画面其实就是自己记忆中的画面。比如说拍火塘的时候会拉得特别近，把火塘的火弄得特别大，因为小的时候在旁边烤火，觉得火塘是很巨大的，长大了以后才知道只是一个小火坑而已。

而纪录片《彝问》和《彝地密码：漆器》着重呈现了彝族家庭生活的另一种常见物件——手工漆器的制作方法和象征意义（见图4.9）。彝族漆器只有三种颜色：黑、红、黄。纪录片介绍，黑色代

---

① 克智，彝语意为"言语比赛"。在说克智的时候，主客两方交锋，比知识、比智慧，比的内容涉及远古历史、海阔天空，无所不包。为了战胜对手，灵机应变，急中生智，自由发挥，即兴创造，听众聚精会神，屏息静听，说到精彩处，不时敬酒赢得喝彩。

表土地，象征庄重、严谨和高贵；红色代表火，是人类的起源，象征勇敢、热情、喜悦；黄色代表天上的云彩，象征光明、富裕、安康。至于漆器的图案，则有山河日月、花鸟虫蛇、植物形体、家畜野兽、生产生活用具等，大多采用抽象化的表现形式。片中还说明，彝族漆器保留着殷商时期"墨博其内，朱绘其外"的原始彩陶艺术特色。割漆是制作漆器的第一阶段，上漆的漆料、漆胎主要来自杜鹃树和桦树，每年只有几个月的采漆黄金时间；第二阶段是伐木、选料；第三阶段是彩绘、上色。不难发现，漆器几乎出现在展现彝族传统生活的所有影片中，通常被"界定"为彝族人的生活必需品和传承民族文化的工艺品。彝族人对制作漆器的各种原料的选择十分考究，所有原料均取自大自然。漆器的制作与使用也采用原生态的方式，在很多受访者看来，这体现了彝族人与大自然和谐相处，日常生活简朴务实的哲学观念，因此漆器作为代表性的日常生活要素，同时满足了彝族人的生活需求和情感需求。

图 4.9 《彝问》中对彝族漆器的介绍

在访谈电影《大山走出的玛薇》的导演沙玛欢庚时，他认为拍摄、展示日常生活中的漆器不仅可以体现彝族人对彝族文化的认同感及生活状态，还可以使电影更加具有审美性：

我在写剧本或者是看剧本的时候，发现对于展示彝族生活来说，其实最好的方法就是用这样的一些固定的器具，比如我们彝族的漆器。因为你运用空镜头的时候，或者是运镜的时候带一些漆器出来，会有很好的效果。漆器的存在会使影片更具有艺术和美感，使民族电影的画面更丰富。

4.2.2　服饰、饮食与个人体验

除漆器外，民族服装也是常见的"日常生活之物"。在《云深之处》《彝问》等纪录片中均有对彝族服装的详细描述。在这些纪录片及其创作者看来，彝族服装是对彝族精神进行具象化的重要物质载体，具有丰富的文化内涵。它记载着彝族的岁月流转，将彝族人的日常哲学凝练于身，更不要说服装制作的技能还曾经是彝族长辈挑选儿媳的重要标准，故而也在一定程度上承载了彝族人的家庭伦理和社会关系。在影视作品中，彝族服装的色彩主要以黑、白、红、黄、蓝、绿为主，纹案主要有日月、星星、鸡冠、云彩、波浪、牛角、牛眼等，这并不能完全代表彝族服装文化的全部形式，而显然经过了创作者群体的选择和抽象。

很多彝族题材影视作品还通过对服装的描述，展现彝族人是从自给自足、男耕女织的生活，逐渐进入现代化和商品化的阶段的。如金科诗薇在自传电影《我的名字叫诗薇》的剧情中设置这样一段剧情：为了更好地提升自己，彝族女主角来到法国巴黎求学。在电影中，她身着彝族服饰百褶裙，出现在作为世界时尚中心的香榭丽舍大街上。对此，金科诗薇认为彝族百褶裙因其复杂、保守的构造和繁杂的穿法，是电影中彝族女人质朴和忠贞的象征：

因为彝族的裙子都是不露出任何一个身体部位的，它是非常庄重的。它的制作非常繁杂。为什么叫百褶呢？这是因为裙子的布料是一层叠一层的，就算风吹起来，因为褶子多，也不会露出身体部位，所以我觉得百褶裙是彝族女人忠贞和质朴的象征。我们彝族女性一直根深蒂固的就是这样一种思想。

百褶裙出现在香榭丽舍大街这段剧情也设计得颇为独特，彝族题材影视作品中很少出现"走出国门"的剧情。对此，金科诗薇在访谈中介绍了自己设计这段剧情的用意：

我想构建这样一个身份，就是无论我走到世界的哪个角落，无论接受多少教育、读多少书，我的内心深处永远不会忘记我是一个彝族女儿。有些时候因为世界太大，可能会稍微迷失自己，但是我会用一些彝族的物件时刻警示自己是彝族女儿，提醒自己我的质朴、我的本分不能丢掉。所以我才设计这样一段剧情，我在香榭丽舍大街穿百褶裙，我的手上也会一直戴着外婆给我定做的彝族戒指。

纪录片《彝地密码：擦尔瓦》则介绍了彝族男性服装"擦尔瓦"的制作过程。据纪录片描述，擦尔瓦取自羊毛，需要彝族妇女先织毛布，再搓成吊须，制作一件大概经过一个月左右的手工时间。擦尔瓦在白天能够遮风挡雨，晚上可以被当成被子盖。彝族故事片中男性多穿擦尔瓦，其中又以老年人居多。无论是在仪式中还是家中火塘边，擦尔瓦在影片中均体现了彝族独特的服饰文化和朴实的生活特色。擦尔瓦亦是彝族题材影视作品中经常出现的服装，对此，彝族央视主持人衣呷认为，无论时代如何变化，彝族社会始终保留着对原初形态的物的使用习惯，这是民族认同感的一个体现：

我披的擦尔瓦是我外婆的，是1941年缝制的。我觉得彝族的传统服饰，虽然我们用的物料可能变了，制作方式、制作工

镜头下的火塘——"物"像生产与身份认同

艺可能变了，但是彝族服饰还是保留了它一些很本真的东西，比如彝族的花绣，牛角纹、羊角纹等，其实都留下来了。你看我们衣服里的那些纹绣，你看曾经的那些彝族老照片，现在的彝族服饰其实就跟几十年前、几百年前是一样的……我觉得这个可能是彝族一直保留下来的成体系的系统，在时光流逝中，这些东西依然保留了最原初的形态，这可能就是彝族民族认同的一部分。

除服装之外，《云深之处》《彝问》等纪录片还描述了彝族人个体生活经验中的"味觉记忆"，涉及的彝族饮食包括火盆烧烤、坨坨肉、辣子鸡、洋芋、玉米酒、荞麦饼，等等（见图4.10）。坨坨肉一般取材于新鲜的猪肉。因为地理海拔高、日照时间长等因素，凉山彝族的洋芋甜度更高，更加好吃。荞则是一种耐寒、易生长的农作物，彝族从游牧转为农耕后就开始种荞，还可以将制作荞粑粑后的糠壳喂猪。尽管彝族社会的生产生活方式正在发生剧烈变化，和外界的交流也非常频繁，但当下的彝族家宴依旧会准备彝族美食，杀鸡和猪，采摘新鲜的瓜果蔬菜，喝自己酿的玉米酒，这既是对彝族饮食文化的传承，也是有意识地与大自然融合的过程。这些食物除了味道本身，其制作过程也与每个彝族人的个体生活经验紧

图4.10 《彝问》中对坨坨肉的介绍

第4章 研究发现："物"的影视生产与彝族身份认同实践

密融合，成为其民族文化身份的重要象征。

在很多电影故事片中，彝族饮食不仅承载生活记忆、彰显民族身份认同感，也被创作者频繁用来表现社会内部的贫富差距和城乡不同的发展状况。例如，在《明天我是谁》中，从城市回到老家的彝族年轻人吃了羊肉和坨坨肉，在传统美食的品尝中和父母用彝语沟通感情；在《安妮的邛海》中，男主角经常给从美国来的支教老师安妮送煮好的洋芋；在《远方》中，女主角因为寄人篱下只能每天吃洋芋，而其他家庭成员则吃坨坨肉；在《仰望树下的情人》中，女主角邀请从城里回来的朋友吃洋芋，却被朋友嫌弃，因为对方想吃城里的外卖。饮食在影片中被赋予不同的意义，对推进剧情、展现人物性格起到重要辅助作用。对此，《明天我是谁》的创作者阿安认为，对羊肉、坨坨肉等传统食物的表现是他通过影片表达自己民族认同感的重要方式：

> 在《明天我是谁》中，我为什么要安排回家吃羊肉、坨坨肉的剧情呢？因为男主角从城市回到彝族的老家，父亲想用最传统的彝族礼仪来接待远方归来的家人。具体的物件的话，有这几部分。头天晚上男主角回家以后宰羊吃，第二天吃坨坨肉，盛放那个坨坨肉的器皿便是彝族的漆器。这都是为了安慰男主角在外闯荡的心灵，提醒男主角永远不要忘了彝族的传统，永远记得家是他的依靠。

此外，彝族影视生产者还普遍关注一个问题，那就是现代社会给彝族传统文化带来巨大冲击，而毒品则是彝族影视作品中最常用于表征这种冲击的负面性的物件。很多彝族影视生产者，也会在剧情设计中用源于彝族传统生活中的物件去"对抗"毒品，从而暗示对自我的救赎源于最终仍须依赖母文化认同。

在影片《白色杀手》中，男主角的儿子沉迷于毒品，并把男主角父亲的棺材本都拿去吸毒了。在影片中，导演胡豆儿特意设置一段彝族男性用自己随身的腰带自杀的剧情，他希望用这条寄托亲情、彝族认同的腰带去感化他吸毒的儿子，以此烘托出毒品的危害性以及影片的教育意义：

  电影叫作《白色杀手》，它反映我们彝族社会的毒品泛滥问题。在这个影片里，男主角面对把棺材本拿走去买毒品的儿子，选择了用彝族传统的腰带自杀。当时影片列出了农药、刀具等选项，但是我最终还是选择了白色的腰带，即象征彝族身份的腰带去自杀。

同时，胡豆儿认为，选择用腰带自杀也有它的历史根据，符合彝族的传统生活：

  在医疗不发达的时代，彝族人在遭受病痛的折磨时，会很容易产生轻生的念头。但是彝族人往往不愿意用绳索、刀这些东西结束自己的生命，因为他们觉得这些东西是脏的。但是裤腰带不同，裤腰带是彝族随身携带的，是很干净的东西，因此也就出现了彝族人用裤腰带自杀的习惯。

服装、饮食之外，饰品也是彝族影视作品中频繁出现的"日常生活之物"。纪录片《彝地密码：银饰》全面介绍了彝族银饰的历史功能和发展现状（见图4.11）。在经济和交通均不发达时期，彝族村寨很难与外界发生联系，也无法形成有体系的文化交流。在日复一日、年复一年的单调的劳动中，彝族先民逐渐找到了一个表达自己情感思想的物质载体：银。银有利于锻造的属性让彝族先民在银饰的制作过程获得了积极表达自己理解、解释外部世界的途径；使用银饰这种行为也在装扮自己、美化生活之外，被赋予了"幸运"和"美好"的含义，成为普通彝族人个体生活体验不可或缺的要素。

第4章 研究发现："物"的影视生产与彝族身份认同实践

图4.11 《彝地密码：银饰》中对生产彝族银饰的介绍

例如，在影片《明天我是谁》中，为了支持男主角从事音乐行业，父亲打开了一个家传的古老的柜子，并将收藏的银饰拿出来——在这里，银饰承载着普通彝族人对于美好未来的想象。在影片《蜉蝣的世界》里，身患重病的男主角因无法给未婚妻足够彩礼而被抛弃，他在走投无路的时候却突然掉进了一个彝族传统的藏宝库中，藏宝库中的"宝物"主要就是银饰，男主角遂利用这些银子治好了自己的疾病，从此飞黄腾达。影片创作者木子对片中银饰的含义作出如下解释：

> 在拍这个藏宝库的时候，我决定不能以那种爱财的眼神去看待它，而是要把它当成一个古物，是祖先留给我们的东西，是一种传承。银子是来之不易的，它见证了我们彝族的祖先不畏惧恶劣的自然环境的辛勤劳作，他们曾经的辉煌仿佛就在我们后辈人眼前。所以说（男主角）掉下去看到这些宝物，影片中想体现的不仅仅是这些钱可以救他一命，而是它背后的彝族的文化感染了他，让他好好活下去。

彝族著名演员潘子剑、马嘿阿依不仅曾经参演过由中央电视台出品的电视剧《金色索玛花》和《索玛花开》，也曾经在多部彝族影视作品中担任男、女主角。经过对比，他们均认为在表现彝族社会变迁的时候，彝区土生土长的影视生产者往往能够拍摄出更加客观、生动的影视作品，其中一个重要的原因就是他们对于彝族日常生活类的物件有更加深刻的了解：

> 彝族自己创作的影片，跟汉族去帮忙创作的彝族影片，中间的差别真的太大了。汉族拍摄的这些彝族影视作品往往融合了太多的元素，但是这些物件的使用，可能是披着彝族的外衣，实际上拍摄出来的是他们想象的彝族生活，不是真实的彝族生活。所以虽然这些影片的拍摄技术比较好，但是内在感觉是空的。我之前演的商业电影全都是那种比较片面的，像一张纸一样，没有棱角的人物，导演说帅就行了，帅能俘获少女们的芳心。但是拍彝族影片的时候，我会想更多，我会想我应该怎么通过穿彝族服饰、用彝族日常生活中的物品去表现、塑造彝族人物角色。
>
> 其实是彝族是一个很讲究的民族，什么时候吃饭、先吃哪道菜、物件怎么摆放、衣服怎么穿、什么能碰什么不能碰，这些都是有规矩的，不遵循这些规矩是要闹笑话的。如果我看到了我觉得不对的地方，我就会去提醒导演。

导演、演员胡豆儿和金科诗薇也同样有这种感受：

> 也有大导演过来拍过彝族电影……我看这些大艺术家拍的我们彝族的东西，我敢这么说，没有拍到彝族的骨子里边去，都是飘的。如果你有这个东西，日常生活里经历过这个东西，它就一定能在你的拍摄中反映出来，这个是别的民族取代不了的。
>
> 别的民族的导演不了解彝族的一些日常习惯，这些大城市里面专业的朋友，大多不了解彝族的文化、风俗、行为习惯，所以他们的拍摄手法，不能够达到我想要的效果。

第4章 研究发现:"物"的影视生产与彝族身份认同实践

由此,我们可以发现,对于很多受访者来说,拍摄彝族传统日常生活的物件可以增强彝族文化的认同感和独特性,使得彝族在影片中建构了自己独特的个体记忆。

在快手等新媒体平台上,部分凉山彝族也通过展现日常生活的物来建构身份认同,并获取关注度和流量。但是,作者发现,为了获取点赞和关注度,部分短视频作品倾向于用较为夸张的方式展现日常生活的贫穷,例如特写孩子们破旧的衣服、家里变质的食物和破败的生活环境等,并且辅之凄凉的背景音乐,甚至是直接对着屏幕"哭穷"。对于新媒体上的这部分影视生产行为,阿依什金认为,这些影视生产者有刻意"卖惨"以获得关注、赚取打赏的嫌疑:

> 快手上很多所谓的网红在那里疯狂卖惨,扮演小丑,然后会迎来一波人刷礼物,我觉得这个价值导向就有问题。我觉得他们把我们彝族的脸面都丢尽了,真的就是在炒作……我就想其实你去做一个网红也可以,但是我们要做一些正能量的东西。我不希望拿我们民族不好的一面,甚至是虚构的一面到网络上去炒作,然后靠这个挣钱。脱贫攻坚政策已经让凉山和之前不一样了。我希望他们能向外面的人展现我们民族好的一面,其实那样也能挣到钱,还能得到别人的尊重,也为自己的民族作了很大的贡献。我想通过影视去传达一些东西和改变一些东西,所以我才接触影视创作。当我发现很多网红在快手上拍了一些抹黑彝族的东西的时候,我反而更愿意去接触影视。我希望把我们好的一面展现给别人,为自己民族的发展做一些什么,虽然说作不了很大的贡献,但是我还是希望能作一点贡献。

阿果长幸也持有这样的观点。她认为快手的内容生产方式已经危害到彝族传统社会中的礼仪传承:

快手上的很多行为就是为了赚钱，不惜损害自己的形象。都已经忘记自己是彝族人了，都忘记了自己是哪一个家支的了，都不知道自己是从哪里来的了。可能我太保守了，但是我真的怀疑现在这样的发展是健康的吗？这样能保护我们的文化吗？这样的方式赚来的钱，我认为它只是一个短暂的收益，从长远来看，我们民族文化最精髓的东西已经要消失了，这真是一个很大的损失。

综上，作者发现，快手等短视频平台技术的发展与普及一方面给彝族社会带来了对外传播的契机，使彝族社会内部出现利用新媒体进行身份认同表达的新环境，让外界更加了解彝族社会的生活、习俗，也为部分彝族短视频生产者增加了收入，使彝族社会出现了新的经济增长点。但另一方面，为获得外界关注、赚取流量，一些不良内容、不符合实际情况的内容也在社交媒体平台上生产、传播，引发了作者采访的部分凉山彝族影视生产者的质疑与谴责。

4.2.3 代表"现代生活"的物

彝族题材影视作品对作为"日常生活要素的物"的呈现，通常有一个隐藏的表意结构，那就是反映彝族社会从"传统"向"现代"、从"农村"向"城市"的变迁过程。因此，如何处理各种代表"现代生活"的物，以及"现代物件"与"传统物件"之间的关系，就成为影视创作的一个难题。

例如在影片《明天我是谁》中，追求音乐梦想的男主角在酒吧中驻唱赚钱。饰演男主角的演员伍萨访谈中介绍了拍摄酒吧戏时遇到的问题：

因为我们是在酒吧现场拍摄，那场戏有很多话筒、架子鼓，这些物品该摆哪里都有讲究，要符合都市音乐人的习惯。我的话筒怎么拿，姿势怎么站，这些导演都会说；但是涉及传统生活的部分，导演就很少说，因为本来我们从小就使用这些物，所以就顺着我们以前的这种使用方法来，就很自然。所以对于老家的那些涉及彝族传统的部分，导演要求的比较少，但是对于都市的戏里边他要求的就比较多。

道具师、演员吉格马情在接受访谈时则总结了现在彝族影视作品中传统的物件面对着现代化"升级"的问题：

> 我是一位演员，同时也是一位道具师。现在在彝族影片中，在准备道具的时候，导演会特意交代，物件的摆放、设置要符合实际情况，既要准备彝族传统生活中的物件，也要准备一些现代化的物件。所以，现在彝族传统的物件基本上就是和现代的物结合在一起出现的，仅有传统的物件，比如漆器、碗筷、酒杯、酒壶等，是不够的。

在表现从"传统"到"现代"的变迁时，很多创作者有意识地选择彝族传统建筑作为代表性的物加以呈现。在所有涉及彝族传统生活的故事片中，建筑都是建构民族身份、展示生活状况的最基本的物元素。尤其在农村题材的影视作品中，受制于地理环境和信息交流的闭塞等原因，人的流动较为困难，因此彝族居住建筑是影片主要的拍摄对象，其历史变迁更是主题传达的方式。在中央电视台和凤凰卫视拍摄的防艾禁毒系列专题片中，《岩石间的花》《毒害大凉山》《凉山艾滋病调查》等作品均通过实拍受害者家徒四壁的居住环境来显示毒品对个人、家庭、社会的危害性；在微电影《阿呷的命运》《远方》《母亲》中，均有因重男轻女封建思想而导致影片主要角色睡在牛棚、猪圈的悲惨剧情，对曾经的彝族社会问题进行大胆展现和批判；在电影《我的圣途》、微电影《彩青春》中，头人的堂屋和百姓的茅草房、女主角和男主角居住的房间均形成强烈对比，揭露奴隶制社会下的阶级差距和现代社会的贫富差距，为两部影片的悲剧爱情故事进行环境铺垫。

而在另外一些侧重于"现代生活"主题的作品中，创作者往往选择拍摄彝族脱贫攻坚前的农村住宅和脱贫攻坚背景下的新住宅，对两者的反差作出比较，展现彝族日常生活的现代化过程。

纪录片《云深之处》和《彝问》即首先向观众介绍了彝族的传统建筑。彝族传统建筑为穿斗式，常见民居类型分为瓦房、土掌房、闪片房、垛木房、石板房、茅草房等几类。传统彝族建筑很好地适应了凉山地区光照强、夏季雨水充沛的自然环境，同时也满足了彝族人普遍的审美需求。但是因为现代化设施难以进入山区，所以当地政府对彝族的传统建筑进行了景观升级打造，改在平原处建房，新的住宅有太阳能、自来水、电和家畜的集中圈舍，这些现代化的设备极大提高、改善了彝族的生存环境和生活面貌，还将毕摩文化融合进现代配套设施中，使得新的彝族建筑同时融合了传统与现代的元素。这些纪录片具有强烈的视觉冲击力，表现了在建筑当中实现"传统"与"现代"协调并存的可能。

在微电影《孜子，孜子》中，男主角从小生活在美姑县农村的大山里，影片对男主角家庭环境的描述，可用"家徒四壁"来形容——家里没有电灯等现代化设备，唯一能赚钱的只是门口的一小块贫瘠的土地和一只老母鸡。这样的家庭环境促使男主角奋发图强。他离开家乡外出打工，几年不回，不联系家人，在五年后回到家乡的时候，发现家里已发生翻天覆地的变化。扶贫政策使得每个美姑县家庭都能搬到地势较低、水土较为肥沃的平原地区生活，很多村民甚至住进了虽然保持彝族建筑传统外观，但配备了现代化生活设施的小别墅中。曾经黑暗、狭小、贫穷的环境和现在明亮、宽敞的别墅形成强烈对比,凸显出推动彝族社会向现代转型的巨大力量(见图4.12)。

图4.12 《孩子,孩子》中男主角居住的房屋对比

此外,需要指出的是,很多彝族影视作品还呈现、表达了彝族传统生活习惯与现代社会之间存在的矛盾。这些作品的基本立意,仍是基于支持现代化的视角,探讨彝族人如何对传统取其精华、去其糟粕,以更好地融入现代生活。在这一过程中,大量"专属于"现代生活的物件,被创作者纳入视野,其"功效"也被突出和放大。在这方面,最具代表性的作品就是《金色索玛花》。片中对政府免费发放的卫生用品、现代工厂、医院、公共厕所、电子火塘、银行卡与存折等物件做了事无巨细的描述,以表达创作者对彝族日常生活现代化转型的积极态度。对此,胡豆儿的观点是很有代表性的:

> 现在很多东西其实都是互通的,各个民族都是趋向于成为更适合当代生活和生存的这么一种存在,这就是中华民族,是一个综合体,很多民族都往这个方面发展。在做我们自己文化的同时,我们的作品里应该还有感恩的思想。我要感恩这个社会,我要感恩我身边的人,比如说我现在团队的所有成员。我要感恩这个国家,我只读过初一,我是一个老百姓,我有拍电影的梦想,如果不是在中国,如果放在世界另外一个地方,你

觉得我做得了吗？我做不了。虽然我做得不好，但是我在做。所以我还要感恩这个国家，这个政策真的很好……要让别人感觉到，我住在这个国土里真的很幸福。

彝族日常生活中的物也是彝族影视作品的重要内容。彝族影视生产者通过运用建筑、工艺、美食、乐器、服饰等日常生活中的物，一方面在现代性的冲击下以彝族传统生活形态、文化形式的民族独特性，"平衡"现代性的冲击、坚守彝族的美好品质，体现出彝族的民族心理及彝族对自身历史文化的认同感；另一方面通过展示日常生活中的物在现代化生活中的升级、改变，体现出彝族生活水平提高、经济稳固发展的现状，表达了对教育脱贫、脱贫攻坚等政策的认同态度。

4.3　作为财富与地位象征的物

彝族社会在历史的长河中形成了独特的生产、生活、社会组织及人际交往方式，其中包含着大量关于财富和社会地位的文化习惯。因此，在彝族影视作品中，对银饰等具有历史、文化延续性的炫耀性物件的批判，对以豪车、口红为代表的符合城市生活想象的物件的特写，以及对日常生活中建筑等物的共时性、历时性的对比呈现，集中体现了彝族人和彝族文化对财富与地位的理解，勾勒出彝族社会内部人与人的差异、区隔和等级。彝族影视生产者以物为中介呈现彝族社会内部的这种结构性矛盾，表达了其对本民族历史、文化、社会形态的独特理解，以及对彝族文化在现代社会中何去何从的忧虑与希冀。

4.3.1 白银

前文论述过银饰作为"日常生活之物"在塑造彝族文化认同中扮演的重要角色。在这一部分,我们主要探讨承担"流通货币"职能的白银。

可以说,在彝族社会,白银被作为一般等价物确立与财富和地位之间的紧密关系,是由鸦片贸易带来的。彝族奴隶主和其他富裕阶层通过种植和贩卖鸦片获得了大量财富,也带来了大量白银向凉山地区的流入,白银因此正式成为彝族社会的"货币",并最终构建起了一套一般性的"等价体系",这一体系直至今天仍然有一定的效力。如杨洪林在访谈中指出:

> 彝区所有的民间纠纷,也就是我们今天说的"习惯法",都是通过白银来解决的,比如人值一匹马,再将马折成银子,等等。而白银多了以后,它的形态也变得更加丰富,比如开始有那种炫耀式的消费,银饰就大量出现了。用银做耳环的,用银做脖子上挂的项圈的,我们称之为"ꀎꃅꊾꅩꀕ"。女孩子喜欢做银饰,银饰就慢慢从货币变到人身上去了。

在彝族影视作品中,比起银饰的"日常生活"属性,银在更多时候是作为财富、地位的象征物而出现的。我们可以在影片中看到土司、头人的女儿佩戴大量银饰,或有权势人家的婚礼上新娘佩戴贵重银饰;而一个角色的贫穷、社会地位低下,也往往通过其所佩戴银饰数量少、做工差来体现。例如在《我的圣途》中,对比马嘿阿依饰演的头人女儿,女主角佩戴的银饰就显得非常简单。对此,高毕有、杨洪林和《我的圣途》男主角诺布钍呷都有非常清醒的认识:

> 为了显示财力,彝族人往往会把一些银质的手镯、配件穿

在身上，其实我觉得从古至今都是这样，彝族人把彝族服饰上银饰的数量当成个人经济实力的象征。

把银子做成饰品，全部放在身上，这就是典型的货币崇拜，它的背后其实就是经济问题。

头人和女主角日常佩戴的银饰是截然不同的（见图4.13）。女主角出身平民，她的衣着比较朴素。相比之下，头人女儿身上佩戴的银饰显得很丰富，因为她们出身的阶级是不同的。

图4.13 《我的圣途》中头人女儿（图左）与女主角（图右）佩戴银饰对比

《彝问》《云深之处》等纪录片突出表现了彝族手工银饰价格的昂贵和制作的耗时，其上的花纹和图案也具有独特的历史文化含义（见图4.14）；而在更多描述"现代"彝族社会的作品中，银饰往往作为女性出嫁的嫁妆而出现，这些影片多用女性佩戴银饰数量来凸显彩礼的丰厚程度和家庭的富裕程度。在影片《大山走出的玛薇》中，女主角玛薇嫁入了云南小凉山地区最有名望的金古忍所家支；结婚时女主角佩戴了繁复而贵重的银饰，这些饰品在影片中用大量近景和特写镜头呈现，既显示女方嫁妆的丰厚，又反衬出男方家庭的财富与地位实力。在《彩青春》中，女主角也戴了非常繁复的银饰嫁给当地较有实力的果基（见图4.15）。银饰品实际上成为彝族社会里人的"价值"的衡量物。对此，阿依什金在访谈中称：

在大凉山这种炫耀式的消费仍然存在，大凉山嫁妆高得离谱，动辄六七十万。很多彝族女性认为嫁人时首饰越多就越有面子，完全不顾之后的生活是怎样的。

图 4.14 《云深之处》中彝族女性出嫁佩戴的银饰

图 4.15 《彩青春》中女主角出嫁佩戴的繁复银饰

不过，银饰在彝族影视作品中还有另外一个作用，就是对建立在财富体系上的社会等级结构的反思和批判。如在迷你剧《听见凉山》中，虽然有大量拍摄婚礼现场现金、银饰的特写镜头，但在彰显女主角反抗包办婚姻的勇气时，导演专门设计了她摘掉身上所有的银饰逃婚的情节，借此赋予银饰以高度的象征意义。在《阿依阿妞》《妮勒阿妞》《与你的最后一个夏天》《阿呷的命运》等影片中也有类似的剧情，既用贵重的银饰来凸显人物家庭的经济实力与社会地位，也通过处理主人公对这些饰品的行为和态度来表达对社会等级制度的反思和批判。

很多受访者都在访谈中表达了对大凉山高额的彩礼和嫁妆问题的批判，对这一问题的关注激发了很多影视生产者的创作灵感。比如阿依什金就从自己的拍摄经验出发，对这种现象做了尖锐的批评：

> 高额彩礼（嫁妆）把原本很美好的东西给扭曲了。我有一些作品讲的就是凉山地区近年来出现的高额彩礼问题。比如我们拍的《彩礼记》，其实就有讽刺它、否定它的意图。我希望我们"90后"看了这部电影后，有自己的想法，不要再让高彩礼延续下去。我不希望有这种攀比的心理，我还是希望能为凉山社会做出一点改变。我想多去拍作品给我们的彝族同胞看，让她们看了过后，对金钱有一个新的态度，有新的自我认知和自我改变。

综上，银饰是彝族社会财富与地位的重要象征物，而彝族影视生产者对银饰的处理方式既具有历史延续性的特征，也传递着批判性的态度。银饰因兼具"日常性"和"炫耀性"特点，而成为彝族题材影视生产中十分重要的物，这些作品对银饰的突出呈现，不能被单纯地理解为对少数民族习俗的"猎奇"，而是体现彝族影视生产者对自身文化的理解与反思。

4.3.2 现金与"奢侈品"

除银饰等具有历史延续性特征的物以外，现金、奢侈品也是凸显彝族社会财富和地位的重要物件。彝族影视生产者主要通过呈现这些物件来表达彝族人对于现代城市生活的想象，以及彝族人对富裕生活的向往、对社会地位的追求。通过整理彝族题材影视作品中出现的现金和奢侈品，作者发现创作者对它们的处理往往采用非常直接的方式，并且给予特写镜头，十分直白地呈现少数彝族人的财富和社会地位，或者彝族人心中想象的城市形象。

比如，电影《彩青春》近距离拍摄了女主角在结婚时获得的50万元现金的彩礼。在迷你剧《听见凉山》中，现金的出现频率极高：女主角乘摩托车逃婚，三次用大量现金收买了男主角带自己回家；男主角没钱交房租，女主角又交给房东大把现金；男二号的女友为了名包、名表、漂亮衣服而背叛了男二号，她也同样把大把的钱甩给男二号，并表示真爱不值钱。这部剧对现金的描写是非常直接且夸张的，用大把的现金解决问题、打发他人离开是影片凸显财富、地位的重要处理方式。在电影《明天我是谁》中，女主角的父亲觉得做音乐的男主角没有正经职业，女儿应该嫁给拥有豪车、黄金饰品的"土豪"为妻。而"土豪"的出场也是非常浮夸的，豪车与金链是其"标配"，导演并给予这些物件大量特写。《明天我是谁》的导演阿安在访谈中称，这段剧情的设计是为了体现当下彝族社会对物质的崇拜现状：

> 以前彝族社会很看不起做生意的人，但是慢慢地，进入现代社会以后，彝族人逐渐被物质和现实打败了，普遍比较喜欢"土豪"。女主角为什么要嫁给这个"土豪"呢，就是因为对物质的崇拜，对金钱的崇拜，说白了，因为彝族人太穷了。所以在这种情况下，父亲不会认为对物质的崇拜有什么错，因为人活着就要发展，就要让自己努力过上好日子。好的日子怎么过？说白了，最基本的就是你得有钱，所以父亲想要女主角嫁给拥有豪车、戴金链子的"土豪"。

在剧情设计与物的使用中，导演从批判的立场出发，表达了自己对彝族社会过度追求物质财富可能导致历史传统变质的忧虑。在他看来，宁蒗彝族自治县曾经是国家级贫困县，而偏僻的地理环境是导致地区发展落后、信息闭塞的主要原因，农民的主要生产方式是农耕和畜牧，除此之外的日常工具都要用牲畜和粮食来换取，贫富差距带来的冲突导致彝族社会对现代性商品产生拜物教般的崇拜心理：

> 他们一些偏见的观念，不是人本身思想意识的问题，而更多是因为条件落后和信息闭塞。在这种情况下，外来文化、信息或者高科技的东西一下子进来以后，很多人都感到非常的好奇，也有些不适应，甚至是非常羡慕。对它的适应需要一个过程，沿海城市和发达地区早就习惯了这种生活。

除现金之外，还有一些其他的物件，虽然没有数量上的夸张性，但是也被彝族影视生产者塑造为财富和地位的象征，处理方式同样为大量特写拍摄，并将其与"现代生活"捆绑。同样在影片《明天我是谁》中，女主角的弟弟在酒吧打工的时候捡到了一只口红，女主角来找弟弟的时候，在灯光的照耀下，弟弟把口红递给姐姐，姐姐接过来一看发现是价格昂贵的口红，于是就对弟弟说："失主肯定会回来找，你要把口红拿回去，等你以后有能力了，再买一个同款的给我。"弟弟就答应了并记在心里。最后姐姐与"土豪"的婚姻破裂，坐上火车离开的时候，弟弟边哭边把一只同款的口红拿出来攥在手中，没来得及给姐姐。导演阿安特意设置了关于口红这一现代物件的一段剧情，表达影片中贫穷的、追逐梦想的彝族人对现代城市生活的理解：

> 口红本来就是一个现代的商品，对于贫苦的彝族人来说是奢侈品。弟弟把它捡起来，表明他可能觉得这是现在的女孩子都喜欢的东西，这里面也可能有某种对富裕精致的现代生活的

第4章 研究发现:"物"的影视生产与彝族身份认同实践

向往。他希望姐姐能过得很体面,很精致,漂漂亮亮的。但是他现在还没有办法给姐姐这种生活,因为现在他还是比较穷的。

电影《世界》围绕着乡村的彝族小男孩对篮球的喜爱与抢夺而展开剧情。篮球本应是现代物件,在彝族电影《世界》里被赋予了多个层次的含义,其中最为重要的一层即是彝族小男孩们认为来自城市的篮球代表了城市的财富和地位,得到了篮球就会拥有这些财富,因此对于这些偏远地区的农村男孩来说,篮球也成了奢侈品。对此,《世界》的编剧土比媛媛介绍了影片故事的背景:

> 这个故事其实只是导演马达(彝族)的真实经历,故事起源是马达父亲以前是四川大学的学生,毕业后回到大凉山支教。面对当地辍学严重的情况,马达父亲为了吸引想去城市打工的大凉山的孩子们上学,就自己做了一个篮球,让大家不要辍学,不要小小年纪就出去打工。

由此可见,篮球在《世界》这部影片中包含着对现代城市生活的想象,影片的故事一直围绕着彝族孩子对篮球的追求和对城市的想象进行叙述。

总之,一切能够与"美好、精致的现代城市生活"联系起来的物件,都会被作为重要的象征物呈现,包括很多在今天我们感觉无甚稀奇的物件。比如在纪录片《虎日》中,导演杨洪林邀请一位彝族毕摩来念仪式经文,我们发现这位毕摩的着装与传统的毕摩相比略有不同,他并没有穿着传统的彝族毕摩服饰。对此,杨洪林作出如下解释:

> 我有一个堂兄弟,就是我们拍片子的那家,我们请他来念仪式的经文,我们就给了他一包烟,一包大红河。那时候大红河比较贵,老百姓只能抽五六块钱的烟。他就把这包烟放在胸

前的口袋里边，然后故意把烟露出一半，我说不行，你把烟盖上，他不盖，一定要把他的烟露出来，让它在镜头里面出现。

此外，杨洪林还希望对方能穿着彝族服装出现在影片中，但是拍摄对象却坚持要打领带、穿西装，并把烟放进西装胸前的兜里：

> 他那天外面穿了西装，还打了领带，我们说把领带卸了，这样看起来不好，让他还是穿彝族服装，他不干，他就是非要打领带。在他看来领带是非常时尚和前沿的物品，但是我们总觉得不伦不类。不过后来我们还是听他的，反正这是现实生活中普通彝族人认为美的东西，我们就把这个东西全部拍下来，表示对真实的尊重。后来有人还质疑，说这太后现代了，怎么能在这样一个很传统的仪式上戴领带呢？我让他别戴了，他偏不干，他说"如果你们不让我戴我就不念了"，无奈他是念经念得最好的人，要尊重人家的现代性想法。

由此可以看出，彝族影视生产者在影视作品中对物的处理，以及对于象征财富、地位的物的体现取材于彝族的现实生活，具有高度的真实性，符合当下彝族社会对现代生活的想象。如前所述，彝族影视生产者大量使用特写镜头，对现金、口红、豪车、西装、香烟等"现代性"物件进行拍摄，以凸显这些物件在当下彝族日常生活中的"显著性"。对这些物件的选取与刻画，不仅揭示出不同社会制度下彝族社会内部的地位差别、贫富差距，也体现了在彝族人所想象的本民族和其他民族、彝族聚居区和其他居住地的城乡差距、贫富差距。

4.3.3 物的对比

除对具有历史延续性的物的批判、对代表城市生活想象的物

第4章 研究发现:"物"的影视生产与彝族身份认同实践

的特写处理外,彝族影视生产者还通过对同类型的物在同一部影片中进行横向共时性对比、纵向历时性对比的方式,来展现某些群体的财富和地位的变化,以描摹彝族历史与现实中的社会区隔。

同一物件在同一影视资料中的横向共时性对比是彝族影视生产者展示彝族财富地位和差距的重要方式。如在影片《听见凉山》中,女主角生日当天,当朋友都送给她奢侈品的时候,没有正式工作也无法融入女主角生活的男主角则送给她一把彝族的传统乐器口弦,在影片中,同为礼物,昂贵的奢侈品和朴素的口弦琴形成了鲜明的对比,体现出男、女主角在财力方面的差距。在电影《我的圣途》和《乌塔》中,我们看到头人居住的堂屋宽敞且富丽堂皇,普通百姓居住的茅草房则十分简陋(见图4.16)。马嘿阿依饰演头人的女儿,在剧中佩戴的饰品与穿着打扮可谓十分丰富、考究,相比之下,身为普通百姓的女主角则多穿深色麻质衣服,饰品也仅有耳钉而已,非常简单。建筑和服饰在同一影视作品中形成鲜明对比,体现出奴隶制社会下的不同阶级之间在财富、地位上的巨大差距。在微电影《彩青春》中,男女主角居住的房间也具有强烈反差,女主角的房间宽敞而装修雅致,而男主角的房间则破败且空间狭小。在《明天我是谁》中,男主角为了做音乐不得不卖掉家里唯一一台做农活的农用车,而追求女主角的"土豪",一出场就有豪车相伴。阿安导演对车的对比设计,尤其是男主角使用的农用车和剧中"土豪"开的豪车的对比,突出了如今彝族对金钱的崇拜,对富裕生活的向往,对社会地位的追求。彝族影视生产者通过具体的物的对比体现出现代社会的贫富差距,为影片的悲剧爱情故事进行文化铺垫。

除同一部影片同一时间的横向对比外,对影片中的物进行经过

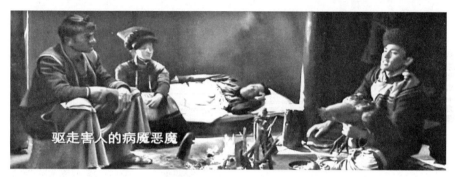

图 4.16 《我的圣途》中头人与女主角居住的房屋对比

时间流逝后的纵向历时性对比，也是彝族影视生产者处理物的重要方式。通过历时性对比，影视生产者表达了彝族社会对获得财富和地位的过程的理解。通过此种方式，影视生产者不仅展示了彝族人如何通过自己努力改变生活，也侧面体现了国家相关政策对凉山彝族社会建设的扶持。比如在电影《垃圾之王》中，男主角最初的工作是捡垃圾，他只能用一辆破旧的自行车接送亲人。后来经过车店老板的栽培与自己的辛勤付出，男主角最后终于成为车行的负责人，影片最后，他驾驶一辆价格较为昂贵的汽车去接送自己的亲人（见图 4.17）。《阿果吉曲》也通过对比的手法表达了类似的含义。《阿果吉曲》是彝族著名歌手海来阿木执导的自传性影片，讲述了成名前的海来阿木和女儿阿果吉曲的故事。影片开场时，已经成名的海来阿木从豪车中走下来，受到了粉丝、媒体的强烈追捧。在介

第4章 研究发现："物"的影视生产与彝族身份认同实践

绍新歌《阿果吉曲》的含义时，海来阿木想起了自己曾经的生活。原来以前海来阿木的生活十分潦倒贫困，只能租房子住，没有车、没有钱，歌也卖不出去。女儿阿果吉曲生病的时候，海来阿木也没有钱对女儿进行有效医治。不过最终，他通过自己的努力成为知名歌手，生活也变得富足起来，不仅拥有豪车等财富，也拥有了一定的社会地位。同样地，在《明天我是谁》中，也有历尽磨难的彝族音乐人终于成名的描述，并且将成名前后使用的车等物件进行对比。车辆等物的对比体现了彝族影视生产者对财富、地位的直接理解，在物的对比性处理中，彝族影视生产者表达了自己对"勤劳致富"理念的认可与推崇。

图 4.17 《垃圾之王》中自行车和汽车的对比

综上，不难发现，在历史的长河中，彝族社会经历过多种社会制度的变迁，但是在不同的社会制度之下，通过银饰等物品进行炫耀性消费，并将其作为财富和地位象征物的民族心理特征具有延续性。在本研究所分析的影视资料中，对银饰、现金等物的呈现，呼应了凉山彝族社会上述民族心理特征，是彝族影视生产者利用物来建构彝族历史延续性的体现。同时，彝族影视生产者对"作为财富与地位象征的物"的处理方式是具有批判性的，他们期望通过影视生产来唤起彝族社会对彩礼等问题的重视，以及对想象中的"现代生活"的重新审视。在市场经济背景下，"作为财富与地位象征的物"因而蕴含了某种对于商品拜物教的反思。最后，彝族影视生产者还通过对同一物的横向共时性对比、纵向历时性对比来刻画财富、地位的变迁过程，赞扬了"勤劳致富"的彝族品格。

总体而言，彝族影视生产者对象征财富、身份、地位的物的选取和处理，在很大程度上揭示了彝族社会内部的身份区隔和阶层差异，反思了彝族社会在不同所有制和社会制度下的不平等状况的文化与心理基础。在奴隶制生产关系下，这种地位、财富差异是与根深蒂固的身份等级制度互相支持的；而在社会主义市场经济条件下，对于彝族社会内部地位、财富差异，彝族影视生产者倾向于认为主要与个人是否足够努力相关。而在与外部社会进行对比时，彝族影视生产者则倾向于认为一定程度上的城乡财富和地位差距，以及彝族与其他民族之间的财富和地位差距是切实存在的，这无疑是亟待改变的状况。

4.4 作为社会机制呈现的物

彝族影视生产者对物的处理方式往往还与特定的社会机制相关联，通过对这些物进行分析，我们可以更好地理解彝族主体认知中的生产方式和社会组织方式。具体来说，彝族影视生产者在其作品中多通过对某些物品生产的产业结构升级、生产方式变化等进行描写、刻画，将影视作品中的物品当成承载彝族家支制度状况、商品经济发展、生产方式变化等社会机制内涵的载体。

4.4.1 物与家支制度

在4.1的论述中，我们从民族文化仪式中的物的角度出发，了

第4章 研究发现:"物"的影视生产与彝族身份认同实践

解到彝族影视生产者往往采用整体主义的方式处理其作品中的物和物之间的关系,这种处理方式是彝族文化整体主义的传统观念和影视人类学处理影视作品的整体主义美学的具体表现。彝族整体主义的这种传统观念在文化仪式外的影视作品中也通过物这一中介体现出来,反映在社会机制中,最具代表性的即是彝族家支制度这一社会组织方式的呈现。

家支制度是凉山彝族社会最重要的社会机制之一。在中华人民共和国成立前的凉山地区,家支是彝族社会的基本组织结构。按照定义,"家支是按照父系血统纽带组成的、内部不通婚的社会集团……家支是'家'和'支'的总称……传说凉山彝族是古侯、曲涅两兄弟的后代。'家'在彝语中称为'楚加'或'楚西';由于人口繁衍,按血缘的系统,其后裔各自滋衍成若干大支——'楚涅'和小支——'布劳',小支以下是一夫一妻制的个体家庭——'楚布'"(姊妹彝学研究小组,1992)[66]。家支在形式上具有原始社会末期父系氏族组织的一些特征,比如:具有父系血缘集团共同的祖先和共同的家支名称,家支名称一般以共同的男性祖先的名字来命名,但也有以某一个地名来命名的;每个家支都有从共同的男性祖先开始并世代相连的父子连名系谱。家支制度内部有许多相互制约、相互协作的民俗习惯,在生产和生活中保障了本家支的延续和发展。这些习惯在前现代社会主要表现在以下几个方面:一是婚丧大事中互助;二是修建房屋时的义务帮工;三是耕种和收割时的换工互助及代耕代收;四是抚养家支内遗孤;五是相互解决温饱问题等(姊妹彝学研究小组,1992)[72]。家支是由家支头人——德古和苏易组织和管理的,他们是家支组织内部的领袖。

杨洪林就在访谈中指出,即使在21世纪的今天,家支制度依旧在彝族社会发挥着无可替代的作用,这种制度也因而有着复杂的文化影响：

> 在凉山，家支的力量基本上是第一位的，比20年前甚至更强。有时候同一家族具有血缘关系的人们甚至会先杀一只鸡来盟誓，然后大家一起去贩毒。这种行为因而具有了一种与血缘亲情紧密绑定的特点。现在家支起作用的领域发生了变化。过去它可以用暴力保护自己，但是现在它转化到另外一些领域，到互助、教育这些领域里面去了。

金科诗薇也认为现在彝族人对家支的认同感其实比以前更加强烈：

> 以前，由于生产力不足，经济落后，有些家支要先考虑生存问题，所以对彝族文化和民族认知不足，家支以比较散漫的方式存在，甚至主要是作为组织械斗而存在的。但是现在，生活条件变好了，大家反而重新拾回对家支的尊敬，更推崇自己的民族文化了。

因此，家支力量也可以在戒毒中发挥作用，比如影片《虎日》就是金古忍所家支为了禁绝毒品流通而利用仪式、家支、习惯法等因素进行戒毒。其导演杨洪林在访谈中称：

> 我们就是在家支文化复兴的背景下拍摄这部《虎日》的，我们想要通过展示彝族人是如何用家支的力量、习惯法的力量来禁毒的。家支力量一旦发动起来，一是不允许别人来家族的区域里面贩毒，二是不允许家族的成员去吸毒。既然现代社会不能有效处理这个问题，那么只能用最原始的方法。人类最原始的武器就是牙齿，人类最原始的力量就是宗族和家族的血缘的力量。

第4章 研究发现:"物"的影视生产与彝族身份认同实践

彝族影视作品对毒品的吸食、贩卖、禁戒与家支制度运作方式之间关系的描写,体现了如今彝族社会家支制度的基本形态和家支制度在彝族社会管理中发挥的功能。通过刻画这种无形的制度是如何通过传统仪式来解读的,影视生产者让彝族同胞回到血缘关系中去,把家支、宗族等社会力量组织、动员起来,探索出一种具有民族文化特征的社会动员机制,来对抗毒品及其背后的"有毒的现代性"的泛滥。

彝族影视作品对彩礼的刻画也体现了家支制度的作用。凉山彝族社会的高额彩礼一直广为诟病,很多家庭为了凑齐彩礼,往往会请同家支的亲人帮忙,共同支付。由于数额较大,婚后的新婚夫妇有时还要共同偿还这部分彩礼钱。很多影片讲述了高额彩礼通过家支之间借债、赠与的方式,由该家支的成员一同担负的故事。比如在影片《孜子,孜子》中,为了让男主角顺利娶亲,他的父亲向多位亲戚求助,四处给男主角凑彩礼钱;影片《彩青春》《毒罪》中,男主角为了满足女主角父亲的期待,同样也是回到老家向多位亲戚借钱;在《彩礼记》中,胡豆儿饰演的父亲为了彩礼问题东奔西走、讨价还价,将女儿当成物品,用给女儿称重的方式计算彩礼钱,最后和亲戚一起上了"彩礼贷"的当,赔得血本无归(见图4.18)。《彩礼记》主创人员吉格马情对此解释道:

> 我们的《彩礼记》是非常反映社会现实的,明明亲戚之间互相帮忙是一件好事,最后却双双被高利贷给毁了。

《彩礼记》另一位主创人员阿依什金也介绍了《彩礼记》拍摄的原因,以及彩礼在彝族社会的状况:

> 我们这里有很多家庭,其实拿不出那么多钱,一般都是借钱娶老婆,然后娶了以后两口子出去打工还彩礼钱。这样的日子不是那么好过,因为毕竟多数的彩礼钱其实都是借的。

图 4.18 《彩礼记》中给女儿称重以计算彩礼费用

全家支的人为了该家支青年结婚所需的彩礼都要出一份力的传统，在一些情况下会导致禁锢个人自由的事情发生。道理很简单：既然全家支都"支持"了彝族青年的婚姻，用借钱与捐钱的方式使该青年可以结婚，那么该青年在婚后的种种行为就都要经过家支的过问和干预，无法自主决定婚姻、家庭的走向。因此，我们看到，在叙事逻辑上，大量刻画彩礼文化的彝族影片往往以悲剧结尾，这体现了影视生产者集体对凉山彝族婚恋不自由状况背后的经济基础的反思。《大山走出的玛薇》《彩青春》《索玛花开》《孩子，孩子》《明天我是谁》《听见凉山》《阿依阿妞》《妮勒阿妞》《与你的最后一个夏天》《阿呷的命运》《云边的阿姆》等微电影讲述的其实都是彩礼带来的悲剧，剧情极其雷同（见图 4.19）。在这些影片中，年轻女性往往经历幼时辍学回家干农活，尔后被迫听从父母、家支的命令嫁给不认识的彝族男性以获得彩礼来供给兄弟读书、娶亲。富裕家庭往往使用现金作为彩礼，钱是衡量女儿是否该出嫁的重要标准。在影片中，妻子一旦表达不满，丈夫就会说类似"你知道我花了多少钱娶你吗"和"如果离婚你要赔给我更多的钱"的话语来

第4章 研究发现:"物"的影视生产与彝族身份认同实践

威胁妻子。

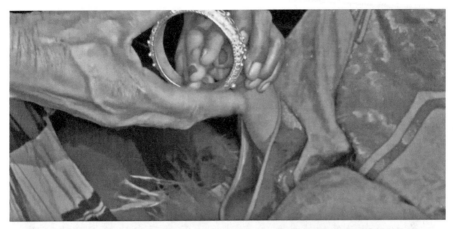

图4.19 《阿依阿妞》中被迫出嫁的女主角

综上,彝族影视生产者通过对彩礼等物的描写,表达了对以家支制度为代表的彝族传统社会机制的反思。从这些作品的情节和表现手法来看,家支制度在彝族社会中依旧起着重大的社会组织作用,有时可以帮助同家支的彝族家庭解决财政困难、一起开展某种事业,有时也可能会出现束缚彝族人身自由,导致同一家支走向歧路、歪路的现象。

4.4.2 物与商品经济

除家支制度外,彝族影视生产者还通过对物的刻画,展现了凉山彝族社会从封闭到开放的历史过程,以及商品经济在这一地区的发展情况。《虎日》的创作者杨洪林在访谈时对鸦片战争时期凉山彝族地区鸦片的传播方式和 20 世纪 90 年代海洛因在凉山彝族地区的传播方式进行了对比,来表达自己对这一历史过程的理解:

在彝区,鸦片的生产和流通需要大量劳动力,所以彝族就去彝族社会以外的地方寻找劳动力。官府及内地的汉族人也参与进来,这样社会结构就发生很大的变化。而现在,这一切都可以在商品自由贸易的"市场"上完成。

在鸦片贸易之前,凉山彝族社会内部分工和交换尚不发达,且没有形成本民族的市场。当时彝族的商品交换主要有两种情况:"其一,在由汉族人开辟的集市进行交换;其二,一些季节性的彝族商人到汉区集市交换。"交换形式主要为:一是以物易物。用彝区的采集物、畜牧业特产交换汉区运来的生活、生产资料等。二是牛打马算。从商品中分离出牛马牲畜,在较大宗贸易中起到一般等价物的作用。三是货币储藏。在 20 世纪三四十年代直至中华人民共和国成立前,由于彝区大量种植鸦片销往汉区,大量的银锭日益渗入彝族内部的交换中,促进了彝族社会商品的出现和与汉族社会物物交换的进程,比如在牛打马算时采取了银子折价的办法(姊妹彝学小组,1992)[62-63]。

拍摄传统文化主题作品的彝族影视生产者显然对这一历史非常了解。通过访谈我们得知,鸦片种植与交易使得白银被当成一般等价物固定下来,鸦片因其使用价值的特殊性在凉山彝族社会内大范围流通，在边缘区形成了以鸦片作交易的临时市场，同时出现了几处贩卖奴隶的集散地。这时彝族社会的手工业还没有从农业中分离出来，基本处于自产自销的状态，并伴有技艺师承的习俗。虽然这一时期鸦片种植没有推动废除凉山的奴隶制度，没有推进凉山彝族进入商品经济社会，但是在彝族社会内部已经开始出现货币作为一般等价物的现象。鸦片成为打开凉山彝族市场的中介物，在鸦片的种植和贸易往来中，凉山彝族和外部的官府、汉族进行社会交往和交流，改变了凉山彝族一直以来较为封闭的社会结构。比如，凉山彝族会组织一些商会进行贸易交往和社会交往。鸦片种植与贸易使彝族社会改变了社会结构，逐渐开放了市场，与其他民族形成了贸易往来。

20世纪90年代时，凉山彝族地区的毒品传播则完全是在市场经济的背景下完成的。杨洪林认为20世纪90年代毒品在彝族社会出现的原因是很复杂的，他认为毒品的再次流行是凉山社会进入商品经济时代的结果：

> 80年代末，整个凉山的横断山区在大量伐木。伐木工程的源头可以追溯到60年代，那时候我们国家跟苏联关系还很好，钢铁都是通过苏联进来的。后来我们国家跟苏联交恶了，苏联的钢铁就供应不进来，我们国家搞了一个三线建设，为了国防，军工厂都转移到贵州、西北这些地方，来到西部。现在大小凉山交界和川滇交界的攀枝花是我们国家最大的钒钛铁的综合生产场地。为了攀枝花的铁矿，要生产钢，现在中国一个比较大的钢铁企业就是攀钢。如何支持这边的攀钢的炼铁业发展呢？我们国家就把整个滇西北横断山区搞成一个金沙江林区，这里生产木材就是为了给攀枝花炼钢提供燃料，这样可以一直不断地砍伐。砍伐到1998年，发洪水后，长江上游就不能再砍木材

了，随后国家搞了一个天然林的保护工程，保护长江上游的生态环境。但是从1988年到1990年，特别在90年代我们读大学的时候，我们县（宁蒗县）和攀枝花的交界处有一个地方叫革里坪，这是一个最大的储木场，原来大小凉山卖木材的个体彝族老板，包括很多女性，都跑到这个地方来。

4.4.3 物与产业发展

彝族影视生产者还通过展示绣片、漆器、乐器等传统工艺品的生产方式和今昔对比，来描摹彝族社会传统产业的发展变化，并折射彝族社会在当代发展的风貌。在这些作品中，彝族人对物的使用技艺纯熟，但是大部分物的生产过程却没有系统记录，制作人员也未经专门培训，无论是做彝绣、做银饰、做乐器、做木工建筑，都呈现出一种随心所欲的状态，并停留在师傅带徒弟、家庭手工作坊的生产阶段。这种生产方式在现代社会中不可避免要面临生存困境。

首先在现代化建设中进入困境的就是彝族刺绣。刺绣是彝族传统工艺文化的重要组成部分。历史上，彝族女性的刺绣水平和态度就是族人检验其人品的重要标准，具有超出单纯工艺品的文化意涵。对此，衣呷在访谈中即指出：

> 刺绣对于彝族女性来说，有着非常不一样的含义。如果一个姑娘会绣刺绣，我们就会觉得这个人又能干、又聪慧，并且持家有道。如果她能不偷针，认真、完整地缝制好一件绣品，我们就会觉得她人品也很好。

影片对彝族刺绣的处理，往往是将绣片等物当成中介，并以此

第 4 章 研究发现:"物"的影视生产与彝族身份认同实践

切入拓展话题,进而介绍彝族传统工艺生产方式的变化和社会政策的执行对彝族社会内部经济发展和外部经济交往的影响。其中,值得一提的是,多部影片强调了刺绣给彝族地区脱贫攻坚实践带来的正面影响。对于影视生产者来说,在彝族题材影视生产中,脱贫攻坚、乡村振兴等政策和形象呈现已经紧密地结合在一起,是现代彝族影视作品中必不可少的环境要素和政策背景,也是影视生作者在进行影视生产时应该着重考虑的因素。对此,白家伟的观点很有代表性:

> 无论老虎笙节也好,赛装节也好,刺绣产业的这种报道也好,它的大背景都是国家文旅融合的倡导,体现了国家为乡村振兴、脱贫攻坚做的这些主要的工作。

由此,不难发现,多部介绍彝族刺绣的影视作品都是在脱贫攻坚、乡村振兴等政策背景下进行拍摄的。在这些政策影响下,彝族刺绣进行了传统与现代的生产方式的融合,最后的结果则是使得彝族家庭成功完成脱贫工作。如扶贫综艺片《我们在行动》不仅揭露了云南省楚雄州贫困县彝绣存在的问题,更彰显了彝绣发展的前景。楚雄彝族自治州武定县半山村的贫困户人口共 535 人,占全村总人口的 70.15%。在《我们在行动》中,彝族绣娘们面临白天耕地、带娃、做家务,晚上才有时间做刺绣的困境。并且屋里光弱,在户外工作则扬尘较大,常年劳作的双手很容易就把手工绣品刮花,一个个费尽心思、时间做出的绣品往往被标注不合格。针对彝族原有产业无法进行现代化转型、村民长期难以脱贫致富的问题,《我们在行动》节目组给出的解决方式是推进传统彝绣走向市场。通过制定标准化生产的方式,让每一个产品都经得起市场的考验,用现代化的管理方式,使用评级制度,来给每个绣娘打分。另外,节目组还认为,彝绣需要讲好故事,加强文化传播,加强市场需要的文创产品的设计和生产，倡导以消费扶贫带动彝绣发展。在这个方案的引导下，村中照顾残疾人老公的绣娘在村中开设绣娘信用合作社，带领全村绣娘进行现代化的生产管理和绣片生产。她积极组织绣娘培训，并在综艺节目中收获了价值500万元的订单。而纪录片《彝绣传承》则讲述了楚雄州彝族绣娘群体对刺绣的传承和发展，以及绣娘如何利用刺绣脱贫的故事。在纪录片中，楚雄州的绣娘们既保护了彝族传统文化元素，又融入了外界社会的需求和新的创新，使自己的家庭摆脱贫困。影片《彝问》中的绣娘则是通过刺绣创业，使得贫困家庭走出大山，她开设服装店，积极拥抱商品经济，改善了自己的生活；而事业成功后，这位绣娘又带着梦想走回村庄，免费开设彝绣班，教授村里绣娘技艺。《云深之处》同样讲述了一些彝族年轻女性通过制造服饰创业的故事，并重点拍摄了一些比较知名的服装品牌如"造梦者""彝人造物"等（见图4.20和图4.21）。彝族年青一代设计师通过改良彝族传统服饰，将黑、黄、红的传统配色加上符合年轻人审美的颜色，让衣服融合传统与现代元素，受到市场的欢迎。与此同时，设计师还利用电子商务平台、公众号等进行品牌推广，打造网红设计师形象，积极参加多种比赛、竞技，助力凉山传统工艺的创造性转化和创新发展，向世界推

图4.20 《云深之处》中传统彝族服饰的制作过程

第4章 研究发现:"物"的影视生产与彝族身份认同实践

图4.21 《云深之处》中对彝族机绣的介绍

广彝族服饰。在音乐电影《彝乡之恋》中,彝族女孩带着彝族服饰设计来到上海服装周,最终荣获大奖。总体而言,彝绣纪录片数量非常多,因为受到外界喜爱,彝绣的订单也变多了起来,彝绣变成彝族家庭脱贫的"关键之物"。

除表现当代彝绣设计对传统与现代元素的融合外,机械化大生产的产业结构升级也频繁出现在彝族影视生产者的镜头中。在相关主题纪录片中,彝绣通常存在两种状态的对比,一是手工生产方式的"手绣",二是机械化大生产的"机绣"。纪录片《辣操的刺绣》向观众展示了撒尼彝族传统与现代刺绣的状况。过去的撒尼女性必须要学习传统手工刺绣,但是随着脱贫攻坚的进行,撒尼女性受教育程度不断提高,对机械设备的掌握愈发熟练。手工刺绣因耗时多、操作难、成本收益比率相对较低的特点,逐渐被类似种植经济作物、外出务工等生产方式所替代,刺绣工厂机械化的发展更加速了手工刺绣的衰退。在脱贫攻坚的时代背景下,石林县彝族极大程度地参与到商品经济运行中,他们开设工厂进行大规模绣片生产,将彝族的绣片销往大江南北，并从中获利。但是手工刺绣依然在撒尼人心中有着崇高的地位，售卖价格也只增不减。虽然很多年轻的撒尼女性已不再掌握手工刺绣的技能，但是在她们出嫁时，依旧以拥有一套手工刺绣嫁品为荣。

此外，在本书所分析的影视作品中，在撒尼彝族聚居区，无论是坚持手绣的传统彝族绣娘，还是用机械化大生产方式制作绣品的新式绣娘，都在新时代中融合发展，让撒尼彝族的刺绣行业熠熠生辉。机绣、手绣并存，两者之间互相沟通、包容，共同成为保护、传承文化和促进经济发展的重要方式。这显然是彝族影视生产者的一种集体选择，如高毕有在访谈中称：

> 石林县城有一个里面几乎全都是在卖民族服饰的商场，有手工也有机绣，还有结合的。刺绣主要有两个市场：一个市场是机绣市场，主要面对游客；另一个市场是手工市场，主要面对极少部分对这方面有研究的人，或者说想收藏的人。现在市场化以后很多专门从事刺绣这方面工作的人，村子里面给钱就可以买得到刺绣了，慢慢地刺绣就成为一个市场化运作的事情了。但是对本民族的人来说，还是会像二三十年前一样，选择自己在家里面缝手工衣服，一缝就是两三年。

在询问机绣与手绣的关系问题时，《光明的心弦》的主创人员刘世生的态度则显得非常乐观：

> 我觉得二者之间并不存在冲突对抗，因为每个人都能够有自己的事业，可以一起进行文化传承、增强民族凝聚力。手绣、机绣齐头并进，这些我认为都应该出现在镜头之中。所以我们石林的发展趋势是很好的，是全国的先进行列之中的，文化特色鲜明突出，我们善于把文化优势转成经济优势，对文化的认

第 4 章 研究发现:"物"的影视生产与彝族身份认同实践

同度高,经济发展的也很好,总体还是比较好的。

通过对影视资料分析和影视生产者访谈我们可知,彝族社会传统与现代生产方式并存,且发展较为融洽。对于彝族人来说,机绣是促进他们与外界沟通、进行商业往来的重要中介,比如衣呷在访谈中称:

> 我拍阿牛阿呷的时候,她已经在北京做了一场国际时装秀,她把这个东西做得更加国际化,请了很多很时尚的模特一起来做这场秀,这场秀好像叫云上彝裳。我觉得彝族刺绣真的是让彝族和外界甚至是国外进行沟通、交流的重要物件。

刺绣现在不仅流行于彝族社会,更是在景区等地十分流行。彝族影视生产者认为,彝族刺绣已经走向内地,走遍中国,是彝族元素融入全国的商业发展、融入市场经济潮流的代表。

除刺绣外,彝族影视作品还通过介绍其他物品的生产方式变化,有意识地"激励"其他传统产业结构的有效升级。《彝药》《云深之处》《彝绣传承》《彝问》《毕摩世家》等纪录片中均体现了毕摩、刺绣工作者、医药工作者、工艺传承者等彝族各个职业、各个群体对彝族漆器、乐器、服饰等传统工艺的保护和传承。

例如,针对手工漆器受到工业化漆器重大冲击的现状,《彝问》提出需要用现代化的管理技巧去组织漆器生产,制定标准的生产路径,做好漆器的宣传工作。在彝药发展的现代化建设方面,彝药老字号公司老拨云堂顺利完成厂房的机械化改造,既扩大了生产,又使得制药工艺精髓得以保存。经过现代化的管理和机械化的生产,彝药的拨云系列如今已经成为有很高知名度的品牌。在保护彝族毕摩文化方面,《云深之处》《彝问》重点描述了彝族传统建筑的景观升级工程,尤其刻画了这种升级工作是如何将毕摩文化融合进现代配套设施中的。

在传统乐器保护方面,《彝问》《云深之处》等纪录片介绍了口弦、月琴、马布等彝族传统乐器的传承与现状(见图4.22)。彝族乐器往往有着悠久的历史,比如口弦就是彝族远古先民的文化传承,彝族素有"男会月琴,女会口弦"的说法,在交通阻塞的年代,月琴、口弦等乐器是对人们贫苦生活的慰藉,它们深深地融入彝族社会的日常经验之中。彝族影视中经常出现口弦演奏的背景音乐,如拍摄于美姑县的《孜子,孜子》中就反复出现口弦的背景音;《听见凉山》法治迷你剧中的彝族青年们第一首演奏歌曲就是《口弦》。彝族传统乐器缺少乐谱,传授方式是口传心授,较为随心所欲,每次弹奏的曲调都随心而动。彝族乐器演奏者也往往身兼乐器匠人,他们认为只有亲手做出的乐器才能真正和演奏者物我合一,彼此交融。口弦在时代的冲击下对彝人来说已经从人人熟知变得逐渐陌生,而吉克曲布、沙楠杰等彝族音乐人则正在致力于融合吉他等现代乐器与彝族传统乐器,希望能使彝族传统音乐在新时代重新得到发展。比如在纪录片《话三弦》中,彝族乐器大三弦的演

图4.22 《彝问》中对口弦的介绍

第 4 章 研究发现:"物"的影视生产与彝族身份认同实践

奏方式本来是弹奏,但是大三弦本身太长了,容易使调子转不过来,后来经过传承人的改良,大三弦的演奏方式变成拉奏,和马头琴一样,这个转变能让更多的音乐人迅速掌握大三弦的弹奏方式。通过对刺绣、乐器、漆器等物的处理,彝族影视生产者将影视作品中的物当成中介,体现了国家脱贫攻坚政策对彝族经济发展的影响、生产方式的变化、产业结构升级等状况。

总而言之,彝族影视生产者将刺绣、漆器、乐器等彝族传统工艺物品当成中介,有意识地描述了彝族传统工艺物品的生产方式从手工生产走向机械化大生产的过程,表达了对于彝族社会早日摆脱贫困、实现经济飞速发展的愿望,以及对国家的扶贫政策所产生的积极社会效果的认可。

综上,彝族影视作品选择部分物件作为彝族社会机制变化的承载物,进而集体表达了脱贫和发展的主题。通过彩礼,彝族影视生产者反思家支制度对彝族社会发展的重要影响;通过比较毒品在奴隶制和商品经济制度下的传播状况,彝族影视生产者思考商品经济和自由市场给彝族社会的现代转型带来的影响;通过对刺绣等传统民族工艺品的描绘,彝族影视生产者勾勒出彝族社会传统生产方式向现代化生产方式的转变,支持国家政策在这一机制中扮演的角色。这种对于物的处理方式,实际上彰显出彝族影视生产者群体共同持有的"反思式发展"的文化理念,这种理念不会贸然否认一种文化传统或社会机制的存在价值,也不会对"发展"和"进步"做出简单的归因,而是更多通过并置、对比和真实再现的手段,来表达一种有机的、整体主义的发展观,这也与前文的分析相呼应。

第5章
研究结论：社会变迁与国家发展语境下的彝族身份认同

少数民族身份认同是一个在少数民族社会存在的，综合反映和认识少数民族生存、生活发展沿革及其特点的民族意识问题（金炳镐，2007）[111]。在共时性上，它强调对自身民族的特征、特点的反映和认识，以及对自身民族与其他民族交往环境、条件的反映和认识；在历时性上，则强调对自身民族历史及传统的反映和认识，以及对自身民族生存和发展条件的反映和认识。可以说，少数民族身份认同是在生存、交往、发展的共同意义上构筑的。作为一定历史条件下的产物，它体现了普遍的社会交往关系——不仅包括民族成员和本民族的关系，本民族和其他民族的关系，更是和统一多民族国家共同体的关系。

用影视生产再现身份是身份认同建构的重要手段。本书的研究对象——2000年以来彝族题材影视生产资料——较为丰富，在少数民族影视里具有较好的代表性。本书发现，对物的呈现，是彝族人通过题材影视生产建构自身文化身份的重要方式。物不仅包括日常生活中使用的具体物件，或商品社会中用来交换和售卖的商品，更是彝族社会的文化传统、生产方式、社会制度以及发展中面临的一系列问题的体现。通过对影视文本的话语分析和对影视生产者的深度访谈,本书将彝族影视作品中的物分为作为民族文化仪式载体的物、作为日常生活要素的物、作为财富与地位象征的物和作为社会机制呈现的物。彝族影视生产者通过对物的描摹来再现彝族传统生活、彝族经济发展现状以及彝族社会变迁中遭遇的困境,进而在彝族的民族认同维度、中华民族共同体的国家认同维度展开想象与探索。

5.1 基于影视生产的彝族身份认同建构维度

近年来,彝族积极地在面向他者的公共传播途径中言说自我,来自四川、云南、贵州省的彝族影视生产者积极投身于影视制作,生产出品类丰富的纪录片、院线电影、短视频等,体现出彝族文化从他者言说的由外而内的传播路径到自我言说的由内而外的传播路径的转变,以及不同地区彝族影视生产者的身份认同建构特征及侧重点。彝族题材影视作品具有丰富的文化、历史内涵,彝族题材影视生产者通过在影片中表达自身对本民族文化、民族制度、民族传统生产方式的认识,建构了丰富的民族认同、民族团结身份。彝族人的身份认同多集中在节日仪式、毕摩文化、文化产品等文化形式中。对于已经不符合现代生活方式的社会制度、生产方式、价值观念、社会习俗等,彝族影视作品中多有对其进行反思和改良的态度。

第 5 章 研究结论：社会变迁与国家发展语境下的彝族身份认同

5.1.1 彝族影视生产中的民族身份认同

积极的民族身份认同指的是民族成员以积极、自豪的眼光看待自己的民族，并且为身为民族的一员而感到自豪。表现在行为上，积极的民族认同会使民族成员积极地维护本民族的利益，以一种充满优越感的姿态看待本民族的语言、文化、宗教、习俗（李忠，2008）。

彝族题材影视生产中的积极民族身份认同涵盖来自不同地区的彝族人对本民族文化的强烈认同感。彝族具有历史悠久、形态多样的民族文化仪式，在对彝族影片《彝问》《云深之处》的文本分析，和对杨洪林、高毕有、郑无边等影视生产者的访谈中可以看出，不同地区的彝族影视生产者在影视作品中对民族仪式里毕摩的法器和法具、对以虎为代表的动物，对树木、石头、山、火等自然元素采用了整体主义的处理方式，体现了彝族民族文化仪式的丰富性。彝族影视生产者也在访谈中提到物在传承彝族古老历史、悠久文化方面的重要性，期望在影视生产中积极体现本民族文化的优秀一面，并得到其他民族的关注，这种集体创作的态度体现了彝族影视生产者对本民族文化的强烈认同感和自豪感。

彝族题材影视生产中的积极民族身份认同还包括来自不同地区的彝族人对本民族文化产品的热爱与对文化工艺的传承。彝族的传统生产方式为彝族社会留下了宝贵的文化、物质遗产，彝族影视作品中通过介绍彝族美食、建筑、漆器、银饰等工艺品，口弦和月琴等传统乐器，以及彝族服饰等作为日常生活要素的物在现代社会的存在方式，为观众展示了彝族传统生活方式与"现代社会"的融合过程与结果，并以传统生活中的物的改变来描摹彝族社会的现代化进程。他们发现，在现代文化观念的冲击下，部分彝族传统文化面临后继无人的困境和失传的危险，如何保护、继承、宣传彝族的建筑、漆器、美食、乐器、服饰文化，是彝族影视作品及其生产者深入探讨的主题。彝族影视生产者通过介绍传统生产方式和文化产品的历史沿革与现状，建构了对彝族民族文化的认同。

彝族影视生产者还通过拍摄彝族的饮食、仪式、家庭生活、民族节日聚会等活动，展示彝族群体内部的民族凝聚力，凸显家支的重要性和彝族社会对家庭、血缘关系的重视，这一点主要通过凉山彝族影视生产体现出来。通过火塘等具体的物的呈现，创作的影视作品凸显出建立在血缘基础上家支制度的民族凝聚力。受访的彝族影视生产者普遍认为，尽管如今的家支制度已经与其原本的含义有所不同，但却已演变成彝族人互帮互助、协同发展的文化机制，是彝族社会面临商品经济冲击时实现自我保护的重要文化资源。家支制度的互助效能应该受到全方位的重视，在社会交往、社会管理、社会自治中被广泛地挖掘和利用。这种"有事全家支帮忙、有活动全族人一起参加"的社会组织形态，是彝族人积极民族认同的体现。凉山彝族曾经具有独特的社会机制，彝族题材影视生产一定程度上展现了经过改良的社会机制在现代社会依旧发挥着凝聚彝族社会的作用。

来自不同地区的彝族题材影视生产者还建构了彝族人集思进取、勤劳创新的积极民族认同。通过对彝族刺绣进行拍摄，来自不同地区的彝族影视生产者赞扬了各个年龄段的彝族女性吃苦耐劳、善良以及富有牺牲精神的品格，以及彝族女性通过刺绣走出大山，甚至走出国门，参与脱贫攻坚，参与商品经济发展的优秀特征。通过在影视作品中展现彝族人积极参与市场经济建设的现状，石林县、南涧县的彝族影视生产者在访谈中尤其赞扬了石林县、南涧县的彝族

第 5 章　研究结论：社会变迁与国家发展语境下的彝族身份认同

社会经济文化相互促进、共同发展的社会机制，向受众展现了彝族商品经济在彝族社会的蓬勃发展。

除此之外，彝族题材影视生产中还存在一定程度上的对彝族身份认同的困境，首先体现在凉山的彩礼、饮酒、铺张浪费等问题上。研究发现，在凉山彝族影视生产者眼中，彩礼问题是市场经济对彝族社会造成冲击和侵蚀的体现。影视作品对白银、现金与奢侈品这些作为财富与地位象征的物的描写，十分具有历史性和教育意义。这些作品所主张的解决方式，也凸显了彝族社会调用家支、毕摩等资源进行社会互助的行为实践，是用传统文化解决现代性问题的典范，具有极强的代表意义。至于影视作品中的铺张浪费问题，则是彝族社会的历史遗留问题，是前现代人类社会"夸富宴"现象在现代社会的残余。

其次，彝族身份认同的困境还来自不同地区彝族影视生产者对彝族传统如今逐渐消失的担忧。对石林县、南涧县、贵阳市和凉山彝族影视生产者的访谈都展示了受访者对彝族人家支观念逐渐淡漠、口弦等民族乐器逐渐失传、传统文化逐渐凋零的批判和担忧。尤其是在新媒体普及的情况下，消费主义的需求让影视生产者担心，现代彝族人正在把拥有奢侈品等现代之物当成头等大事，从而逐渐失去对彝族文化之物的兴趣，进而中断对彝族文化的传承。

再次，彝族身份认同的困境还来自彝族影视生产者的盈利需求。例如快手等短视频平台中依靠"卖惨"而获取关注的凉山彝族短视频生产者，通过拍摄破旧的彝族服饰、建筑、食物等物，展现了凉山彝族社会贫穷的一面。但是在对凉山彝族影视生产者的访谈中我们发现，实际情况可能并不是这样。并且，很多电影、微电影的内容生产与民族身份认同困境建构具有同质性的倾向，部分原因也是在复刻变现较为成功的彝族电影、微电影，继续博取受众的关注和同情。商业元素对凉山彝族影视生产造成影响，是凉山彝族电影、微电影盛产悲剧的重要缘由。

可以说，彝族题材影视生产虽然一定程度上存在对彝族身份认同建构的困境，但是各个地区的彝族影视生产者也在通过影视生产探索解决之道。彝族题材影视生产对自身民族身份认同困境的建构是十分真诚和大胆的，不仅体现在讨论这类问题的院线电影、微电影数量众多，更体现在彝族本民族的影视生产者均在访谈中对影视生产过程中与生活中遇到的类似问题进行了诚恳的描述和批评。从这个角度来看，彝族影视生产者具有鲜明的自我反思性与批判性，他们在访谈中也普遍希望能以从事影视生产工作、在荧幕上呈现社会问题的方式，激励彝族社会对现实问题进行反思。

积极民族认同与民族身份认同困境是彝族身份认同与其他民族身份认同建构的差异性的体现，是彝族身份认同的独特之处。彝族题材影视作品充满了积极身份认同与民族身份认同困境之间的矛盾冲突。一方面，在描写传统民族文化仪式的影视作品中，彝族影视生产者表达了强烈的民族认同感和自豪感；另一方面，在描写现代市场经济生活的影视作品中，彝族影视生产者又表达了彝族社会对现代之物的盲目崇拜的担忧。身份认同的冲突，以及对彝族传统、现代生活冲突的呈现与解决之道的探索，体现了基于影视生产的彝族身份认同机制的复杂性。

5.1.2 彝族题材影视生产中的国家认同

王超品认为，从学界的研究中可以看出，国家认同是一种主体意识，也是一种公民身份归属，其实质是某一个民族自觉认同本国的历史、文化以及国家政治制度，从而对其形成维护（王超品，

第5章 研究结论：社会变迁与国家发展语境下的彝族身份认同

2015）。

彝族题材影视作品和彝族影视生产者是在国家认同的基础上进行影视生产的，对现代性物件的追求、对体现国家政策与市场经济的物的认同，代表了彝族身份认同中的国家认同维度，体现了彝族和其他民族对国家认同的同一性、一致性，是身份认同中的应有之意。作者发现，来自石林县、南涧县、云南小凉山、四川大凉山、贵州省贵阳市这五个地区的彝族影视生产者用代表"现代生活"的物以及商品经济、产业发展中的物的变迁体现了彝族社会从传统到现代的变迁过程，体现了彝族题材影视作品中既具有彝族与其他民族共同书写历史、共同参与国家革命和国家建设的历史认同，又具有对现代化经济建设、现代化教育的认同，还具有赞扬中华民族文化的文化认同，最后具有感谢脱贫攻坚、乡村振兴等政策的政治制度认同。

在国家认同的维度中，彝族题材影视文本通过对具体的现代生活中的物的变化进行描写以及对物与产业发展之间的关系进行总结，对改革开放、市场经济建设、脱贫攻坚等政策做出回应和赞扬，体现出彝族人积极参与现代化建设的行为实践。不同地区彝族影视生产者通过处理不同的物，设计出彝族和其他民族的融合、交流现状，展现出中华民族共同体视觉形象。中华民族共同体视觉形象建设的时代背景也影响了彝族在影视作品中建构自身的身份认同。通过影视生产，彝族人成功在影视作品中建立起各地区各民族交往、交流、交融的中华民族共同体的视觉形象，建构起中华民族多元一体格局的国家认同观念。

综上，作者发现，来自不同地区的彝族影视生产者的身份认同观念在国家认同维度上具有一致性，基于影视生产者出生地历史、文化、社会机制的不同，其身份认同也具有独特性。对于凉山彝族来说，因为曾经具有奴隶制这一独特的社会形态，并且在现代依旧受到家支制度的强烈影响，凉山彝族影视生产者在访谈中会更加强调民族凝聚力的身份认同。总体而言，不同地区的彝族影视生产者都表达了对彝族文化的认同感、对彝族文化产品的热爱和对彝族文化工艺的传承、对彝族人积极参与市场经济的赞扬以及对彝族文化逐渐消失的忧虑。

5.2 基于影视生产的彝族身份认同建构路径

通过把彝族题材影视中的物分为作为民族文化仪式载体的物、作为日常生活要素的物、作为财富与地位象征的物、作为社会机制呈现的物，并使用马克思、恩格斯与德波、鲍德里亚、本雅明等西方马克思主义者对物与身份认同的相关理论作为理论框架，作者发现，来自不同地区的彝族影视生产者构建身份认同的路径为：通过在作品中对不同的拍摄物进行不同的处理，建构了相应的身份认同。例如，凉山彝族影视生产者在拍摄新中国成立前的彝族影视作品时，往往通过展现角色对物的占有程度差距的方式，来凸显彝族社会内部新中国成立前不平等的阶级身份认同。在拍摄市场经济环境下的彝族影片时，来自不同地区的彝族影视生产者通过描写彝族社会内部对商品景观以及消费符号的向往，以此建构了彝族人在商品经济中对想象中的现代性生活的身份认同。在拍摄具有身份认同冲突内容的彝族影视作品时，通过对彝族身份认同的意象拜物教的呈现，彝族影视生产者找寻了一条面向未来的、解决当下冲突的敞开性路径。

5.2.1 新中国成立前的阶级身份认同

物是彝族影视生产者建构其阶级身份认同的主要手段。在他们看来，物不仅是简单的具有使用价值的"东西"，更是遵循镜像逻辑的关系。人通过对对象的把握来建构自身身份，物和人的关系是人建构自身身份认同的重要途径。人和物的关系包括人对物的使用、占有、崇拜以及物对人的奴役、异化等多种形式，并对应着社会不同的发展阶段以及不同的生产关系。人和物的关系建构了人对世界总的观点和根本看法，也建构了人自身的身份表达，物是人建构身份认同的中介。在《我的圣途》《乌塔》等描述奴隶制废除前的彝族生活的影视作品中，我们看到彝族影视生产者通过对影视中的人物对白银饰品、建筑等物的占有程度的拍摄与描写，体现了不同人物的身份及身份认同，批判了当时不平等的等级制度与奴隶制度。不同的生产关系决定了人和物关系的不同形式。马克思和恩格斯在《德意志意识形态》中指出，人们的生产"表现为双重关系：一方面是自然关系，另一方面是社会关系"（马克思等，1956）[33]。

在彝族曾经以私有制为基础的生产关系里，彝族人对物品的直接生产、消耗和自然崇拜，对应了较为低下的生产力水平以及人和人之间不平等的剥削关系，这在凉山彝族的影视作品中体现得格外明显。在新中国成立、废除奴隶制度之前，凉山彝族人通过具有象征意义的仪式、物崇拜确立了自己在彝族社会中的地位，社会的贫富差距通过对银饰以及鸦片等毒品的物的消耗程度体现出来，掌握生产资料的彝族头人，通过"夸富宴"性质的物的使用与消耗，彰显自己的社会地位和身份，同时继续生产不平等的权力关系、不平等的社会制度。

因此，在分析新中国成立前影视作品中的彝族身份认同建构时，作者发现，影视中对物的占有程度的对比，是凉山彝族影视生产者凸显新中国成立之前不平等阶级身份认同的重要方式。在这里，凉山彝族影视生产者通过在影视作品中对物的占有进行对比，再次复刻了曾经的历史记忆，并且在一定程度上对凉山近现代社会遭遇磨难的原因进行解释。这种独特的对物的处理方式以及相应的身份认同建构方式，成为凉山彝族影视作品以及凉山彝族影视生产者的独特之处。

5.2.2 对现代性的想象性身份认同

进入工业社会后，传统彝族社会原有的大家庭式的宗族制度被打破，社会愈发倾向于个体化、原子化。随着原始资本积累的进行，社会形成扩大化再生产，大量的商品进入市场中进行流通。此时人和物的关系也发生了两种转变：一是人在参与生产、消费的过程中，与自己的劳动产品相异化——明明是自己生产的劳动产品，却变成了异己的力量，其买卖过程仿佛可以统治人的命运；劳动过程也和人相异化，分工的劳动过程给人带来枯燥的重复劳动；接着人和人的类本质相异化，最后人和人的关系产生异化。二是在分工和私有制条件下，劳动者无法占有自己的劳动产品，也无法了解自己生产的产品的全貌；而劳动产品一旦作为商品出现，就转化为一个"可感觉而又超感觉的物"（马克思，2004）[87]，劳动产品的买卖仿佛具有某种神秘性和魔力，使人对商品产生崇拜的心理。它的神秘之处就在于商品中人和人不平等的关系被物和物的社会关系所掩盖，这在全面物化的社会里体现得尤为明显：在现代工业社会里，个人的工资、房产、奢侈品数量已经成为衡量一个人社会地位的

第5章　研究结论：社会变迁与国家发展语境下的彝族身份认同

标准。

彝族题材影视生产也存在这种对现代社会的想象性身份认同，它是在全面物化的现实中产生的，是社会化大生产的产物。在《彩青春》《梦回远山》等多部影视作品中，彝族影视生产者用现金、白银等彩礼的庞大堆积制造了一种"景观"。有能力制造这种景观的彝族人，就变成了现代城市生活的"代言人"，变成了拥有财富与地位的让人羡慕的主体。同时我们看到，彝族影视作品中也存在对奢侈品等符号的消费，这种消费是在鲍德里亚提出的"丰盛型"社会中的消费。在这种消费中，对符号的占有成为生活在现代社会的象征，使彝族人具有作为市场经济中消费者的情感依附和身份认同感，以此建构了一种彝族社会想象中的现代性的身份认同。在这部分里，凉山彝族生产了大量的关于现代之物的影视作品；对于来自其他彝族聚居区的影视生产者来说，他们也在影视作品和访谈中表达对相应问题的担忧。可以说，这是进入市场经济的不同地区的彝族社会遇到的共性问题。

5.2.3　冲突身份认同的意象拜物教呈现

本书认为对影视作品的分析要使用本雅明的意象辩证法，抓住意象拜物教中对事物的呈现维度，这是一种敞开性的历史唯物主义分析方式，符合马克思主义哲学的内涵，并具有部分西方马克思主义的时代特征。在对事物的本来样貌的呈现中，虽然现实可能是糟糕的，但是现实的实存维度是引起自我内爆、内部变革的来源与动力。也正如本雅明眼中的"新天使"，它面向现实背对未来，尽管眼前是一片废墟，但是对现实的原本呈现才是通向未来的可能性路径的展现（本雅明等，1997）。这也是历史唯物主义最重要的内核，即历史总在辩证运动中，是向未来敞开的状态，对未来的考察要立足当下的呈现，影视文本是最重要的呈现手段之一。

彝族在现实生活中的方方面面都遭遇了强烈的传统与现代的冲突，并在一定程度上影响了彝族的身份认同。这些矛盾、冲突在影片中再现，构成了彝族如今的身份认同的两个重要维度：积极维度和身份认同的困境。在彝族题材影视作品中，对商品拜物教问题的解决多是通过回到彝族历史悠久的优秀文化中，回到彝族的积极的民族身份认同中。对彝族传统习俗中带有糟粕性质的、不符合现代化生产的消极方面，也应通过教育、职业培训等现代化的改进来改变现状。前现代的物恋模式在如今的彝族生活、生产中大体起到一种身份认同、情感归属、心灵慰藉的作用，用来对抗劳动异化的现实和商品经济的冲击。当彩礼数额惊人、饮酒过量时，彝族选择在影视作品中回顾自己的历史传统，用家支制度、毕摩文化、祖先崇拜和重温彝族饮酒文化的历史来约束自己的行为，用传统来治愈现代疾病，用彝族积极的身份认同来抵御现代性的入侵。但是当遇到彝族传统的生活习惯、生产行为与现代生产模式相冲突，影响经济发展，造成彝族社会持续性贫困时，彝族就会在影视作品中主动建构自己的现代性身份，改变消极的认知观念。如改善铺张浪费的消费习惯，加强教育和职业培训，用现代化的管理模式和机械化的生产推动彝族产业进行现代化升级等。影视作品中的冲突是彝族不同身份认同冲突的荧幕再现，影片中冲突的解决和融合则体现了彝族对自身不同身份认同调和的期望，以及解决冲突问题的经验。

因此，不同地区的彝族影视生产对彝族社会存在的问题的态度，作者认为既存在批判，也存在着对客观事实的呈现，对矛盾、冲突与现状的呈现也是影视生产者对未来可能性的探索。尽管某些彝族地区存在彩礼等问题，尽管部分彝族内心对传统的民族身份认同与

第5章 研究结论：社会变迁与国家发展语境下的彝族身份认同

现代市场经济中的身份认同存在矛盾，但是彝族影视生产者一直用一种敞开性的方式，利用传统与现代的经验去解决这种身份认同中的冲突，这也是本雅明之意象拜物教的呈现。

5.3 彝族题材影视生产的意义探析

5.3.1 身份认同建构的积极性

彝族文化博大精深，形态丰富，不同地区的发展状况不同，文化保留程度也不同，彝族题材影视生产也会有所不同。出生并成长于彝族社会的彝族人进行影视生产的过程，既是其自我言说的过程，也是不同地区彝族人对本区域民族环境的观察过程，能够体现出彝族文化的真实内涵，为研究者提供了有价值的研究文本。

同时，回顾历史可以发现，彝族的影视生产经历了由他者建构到由彝族本民族和其他民族共同建构的过程，其传播模式则经历了由外界阐释、国家建构到近几年彝族社会开始主动生产、主动言说的不同阶段。借助现代传播技术，尤其是影视制作和数字媒体技术进行影视生产，是彝族民众自我赋权的过程，有助于彝族以往改变被言说的命运，使本民族文化得以在信息场域被听见、被看见。

通过对彝族影视生产者的访谈和对前人的文献生产进行分析，我们得知彝族影视生产者和彝族受众虽然对其他民族的彝族题材影视生产表示尊敬、感激，但是却质疑影视资料的剧本编排不符合彝族生活实际状况、彝族文化表现得过于肤浅和随意、人物塑造不符合彝族性格等问题，这也是很多彝族人从事影视生产的原因之一。

主动传播彝族的优秀文化可以改变其他民族对彝族的"他者想象与建构",尤其是带有误解甚至污名化色彩的想象和建构。

总而言之,彝族题材影视生产有助于不同地区的彝族人掌握彝族身份认同建构的主动性、权威性、真实性,并利用新媒体平台与现代传播技术拓展本民族身份认同建构的深度与广度,以塑造真实、客观的不同维度的彝族身份认同。

5.3.2 中华民族共同体的视觉形象建构

有学者在分析中华民族视觉形象的意义中曾提出:"对于中华民族视觉形象的未来,我们一方面通过阐释使过去的视觉形象进入现代话语体系,另一方面在其基础上建构未来的形象。这在很大程度上取决于当前中华民族对自己未来的憧憬,也就是实现中华民族伟大复兴的中国梦。中国梦可以说是中华民族对自己未来前景的形象化描述"(方李莉等,2021)。这一描述为中华民族视觉形象未来体系的建构指明了方向。

彝族题材影视生产内容包含现实与历史中的彝族文化概况、经济发展情况、政治政策等,是彝族经济、政治、文化、社会、环境多方面交互关系的影视呈现。在与彝族影视生产者的访谈中,几乎每位受访者都和作者都提到了自己为帮助彝族题材影视作品对外传播、为建构中华民族共同体视觉形象,而在影视拍摄、制作过程中作出的努力;几乎每位受访者都提到了自己对脱贫攻坚等国家政策的感激,以及对中华民族的认同感。这一点在石林县影视生产中体现得尤为明显。为建构美美与共、民族团结、民族交融的共同体形象,石林县政府组织相关学者和影视生产专家来到石林县为当地群众讲课、培训、举办影展、组织摄影比赛,指导当地彝族、汉族等多民族群众积极参与影视生产。在石林县政府的努力下,"阿诗玛"的符号在石林县已经从民族符号上升成为地域性符号,汉族、彝族都在参加和阿诗玛文化有关的音乐、舞蹈类活动,不分民族属性,展现出石林县民族团结的共同体形象。

综上,通过拍摄彝族与其他民族在语言、饮食、建筑、风俗等具体领域的融合与发展,通过呈现脱贫攻坚等政策中的建筑等物,通过展现彝族的民族政策、国家政策以及彝族受众对政策的态度,来自不同地区的彝族影视生产者为本民族的发展方向勾勒出了前景图像,同时建构了丰富的中华民族共同体的视觉形象。这也是彝族身份认同建构中国家认同维度的展现,使彝族题材影视生产以其影视作品数量多、质量越来越好、参与人数较多的特征走在了众多少数民族的前列。

5.3.3 彝族题材影视生产与彝族社会的现代化实践

首先,正如李维汉在《关于民族工作中的几个问题》中所说:"社会主义制度把各民族组成统一的经济机体,社会主义建设的发展使各民族之间的交通日益方便和频繁,各民族之间经济、文化交流和各民族人员交错杂居的情况日益扩大,民族闭塞性日益消失"(李维汉,1981)[596-602]。凉山彝族曾世居山上,随着时代发展,凉山彝族开始进入城市,与其他民族一样积极投身于现代化建设中。与此同时,民族融合随着族际交往频率增加而不断深入,彝族题材影视生产勾勒出一幅彝族积极外出就业、求学,各民族之间频繁交流的民族团结景象。

其次,影视作品的传播一方面能够反映现实,另一方面也能够指导实践。很多彝族影视生产者认为,因为遭受大面积的现代性冲击，传统文化逐渐消失是大势所趋，难以挽回。通过记录、传播彝族优秀的历史文化可以引起社会对传统文化存续与传承的关注，并号召更多人投身于文化保护中。对于很多彝族影视生产者来说，除了建构本民族的积极认同，民族身份认同困境的塑造也很重要。认同困境体现了彝族社会转型、发展过程中经历的阵痛，在影片中主动言说这些问题可以引起彝族社会的关注和反思，进而去改变不合理的现状。因此，彝族题材影视作品的生产、传播有助于呼吁人们保护传统文化、反思社会问题。

最后，在超国家维度的影视生产中，彝族人积极在国外宣传本民族优秀文化，得到了国外人类学者、国外彝族文化爱好者等不同身份的外国人的关注，在超国家的文化传播层面作出贡献。在访问石林县的影视生产者时，受访者无不主动表达了对石林县民族融合、民族团结、各民族交往频繁，共同进步现状的认可和骄傲之情。以石林县为代表的彝族题材影视生产极大地促进了来自海内外高校的学者、彝族影视爱好者的交流合作，在全国范围内起到了榜样和带头作用，体现出影视生产展现、促进现代化建设的面向。

5.4 理论启示与创新之处

5.4.1 关于身份认同理论的启示与创新

本书对彝族身份认同建构的考察立足于对彝族影视文本和彝族影视生产者访谈的话语分析。经整理，本书发现彝族题材影视生产

第5章 研究结论：社会变迁与国家发展语境下的彝族身份认同

与身份认同建构的关系呈现出如下特点：

第一，彝族影视生产者的身份认同建构是一种积极、主动的实践。身份问题不仅是关于"我是谁"的问题，还是关于"我成为什么"的问题。影片中的话语主体通过对自身身份认同进行有意义的言说或呈现，影视生产者则对其进行界定和导向，这成为一种基本的文化策略。彝族影视不仅是传承民族文化、表达民族生存状态和民族心理的物质载体，更是彝族人在现代社会记录民族心理、表达自身身份认同的精神寄托，具有凝聚民族共识、建构民族身份的重要作用。并且，在现代化市场经济建设中，彝族影视生产逐渐变成一种民间自发性兴起的自我言说、自我赋权的表达方式和探索路径，在不同身份认同维度之间的徘徊，恰好体现了身份认同中的"我成为什么"的表达转向。

第二，不同地区的彝族社会的身份认同实践具有不同特点。凉山彝族社会保留了大量的传统文化、风俗，在市场经济的冲击下，在社会转型中面临阵痛，遭遇了贫困、彩礼等多重现代性问题的侵袭。因此，影视生产是凉山地区彝族人表达身份冲突的重要方式，附带着明确的社会教育意图。而在贵州省和除小凉山外的云南省彝族聚居区，彝族和其他少数民族交流较多，共同参与文化、经济建设，影视生产则是表达民族、地域融合的重要渠道，带有积极性的主旋律色彩。

第三，国家与市场的双重影响塑造了彝族题材影视生产的机制。比如，在石林县，国家与政府对石林县民族文化的影视生产提出了考核要求，并辅之以专家培训，极大促进了石林县影视生产。此外，在电影产业体系中，影视生产与票房利润挂钩，微电影和院线电影等内容是很多彝族影视生产者重要的收入来源。在利润驱使下，彝族题材影视生产蓬勃发展，同时也出现了生产内容创新性不足、内容雷同、专业性不够、资金缺乏等问题，这些都是本书在对影视资料与访谈进行归纳、整理后发现的关键点，是本书相对于其他彝族题材影视研究的创新之处。

总体而言，在对来自不同地区的彝族题材影视生产与身份建构的文献进行整理和归纳时，本书发现以往对彝族社会身份建构与影视生产的研究集中于对具体风俗文化的展示和制度的探讨，或者用整体主义与万物有灵的观点进行阐述。但从某种程度来说，人的历史与物的历史息息相关，影视中对物的处理，体现了特定社会发展阶段的物质生产方式，以及该发展阶段中人与物之间的关系，以及人与人、人与社会围绕着对物的处理方式形成的关系。对彝族影视中物的呈现、物的崇拜、物的内涵与意义以及物的镜头语言的相关研究，均体现了彝族社会不同维度的身份认同现状，亦是本书的创新之处。

以往较少有研究者用哲学，尤其是马克思主义哲学框架研究彝族题材影视生产与彝族身份建构的问题。从马克思等哲学家对物和身份认同的关系的论述出发，作者发现彝族题材影视作品中既有对民族文化载体、日常生活要素的传统之物的描写，又有对现代市场经济社会中的商品的向往，对传统与现代之物的处理共同存在于彝族的身份认同建构实践中。但无论是传统的有关自然崇拜、动物崇拜的物件，还是现代社会彩礼等物件，都帮助彝族人在影视作品中建构了自身的身份认同。在现阶段，对于彝族社会的影视呈现来说，异化的人与物的关系，以及万物有灵的整体主义传统物观共同存在于他们的身份建构中。我们看到，资本并没有完全席卷这些民族的生产、生活，很多少数民族保留了社会发展原初的民族文化、身份认同。因为传统的物恋保留了较为完整的形态，才能和现代社会中商品拜物教层面产生冲突、融合，发生作用。因此本书认为，

第5章 研究结论：社会变迁与国家发展语境下的彝族身份认同

身份认同不能仅停留于传统，更应该有来自现代的市场经济生活的观照和对比，二者的冲突与融合体现了少数民族群体参与现代化建设的适应程度，是身份认同研究重要的观察点。

5.4.2 关于影视生产实践的启示与创新

改革开放后，来自不同地区的彝族同胞积极投身现代化经济建设，外出务工人员的增多，导致这期间很多彝族传统文化没有得到保存和传承，部分面临失传的危险。这不仅是彝族文化面临的问题，更是乡村-城市二元结构社会转型中的普遍现象。近些年彝族影视创作活动兴起，影视生产者通过在影视作品中拍摄作为民族文化仪式载体的物和作为社会机制呈现的物，一定程度上起到了保护、传承彝族传统文化，记录彝族传统社会机制的作用。例如《虎日》《撒尼男人的盛典》等影视作品中记录了彝族毕摩古老的文化仪式，记录了彝族较为传统的对自然之物的信仰崇拜体系，记录了现代彝族社会应用民族文化仪式的现状，也叙述了彝族传统宗族制度、崇拜信仰、价值观念在现代彝族社会所起到的作用。彝族影视生产丰富了少数民族影视生产的宝库，为现代生产提供了不同的观察角度，它启示了其他影视创作主体：每个人都有他们可以调动的社会资源，影视生产的内容可以立足于个人的文化传统，是非常丰富且多元的。

此外，来自不同地区的彝族影视生产者在影视生产中对彝族历史传统与现实生活中面临的诸多问题的大胆揭露，也丰富了自身的影视生产维度。彝族影视作品中对奢侈品等物的刻画，实际上体现了彝族独特的历史文化以及曾经的社会机制。对彝族传统社会在现代商品经济社会中面临问题的描写，是彝族影视生产者基于历史与现实经验的反思的体现。彝族影视生产者试图从影视生产的角度警醒彝族社会，有强烈的利用影视生产改变彝族社会的愿望。面对彝族社会中出现的用金钱、奢侈品等物来证明自己的身份、地位的攀比现象，彝族影视生产者试图在影视生产中利用作为民族文化载体与日常生活要素的物来唤醒彝族人的民族自豪感、自尊心，这也启示了其他影视生产者，影视生产者可以揭露自身面临的问题，并在影视生产中尝试提出改变现实社会的解决方案，探讨通向未来的多种可能性路径。

最后，来自不同地区的彝族影视生产者利用自媒体进行影视生产的行为，既表达了自身的身份认同，丰富了彝族的文化资源，同时也加强了和其他民族的交流。这是因为彝族影视的受众不仅仅是彝族民众，彝族题材影视生产还承担着和汉族等其他民族，以及其他国家民族交流的职能。在互联网技术普及的今天，利用自媒体进行影视生产的行为使得彝族的曝光度不断增加，类似《彩青春》等影视作品在自媒体平台上广泛传播，使得彝族社会出现新的产业发展方向与流量变现方式，促使彝族所拥有的宝贵文化资源转变为经济发展资源。这启示了彝族影视生产者和地方管理者，应当注意文化资源和经济资源的相互转化，在自媒体中积极进行影视生产与传播也是促进地区经济发展的重要方式。

5.4.3 关于我国民族理论的启示与创新

中国的民族理论和民族政策是马克思主义民族观中国化的具体体现。有学者认为，民族身份的逻辑转向正在经历"公民和民族双重身份并存的转向"（字振华，2013）。马克思、恩格斯本人在探讨民族问题时没有特指某个民族，而是建构了一般性的民族理论，并

第 5 章 研究结论：社会变迁与国家发展语境下的彝族身份认同

且认为在人类历史发展规律中阶级、国家、民族会随时间发展逐渐消亡（杨须爱，2016）。金炳镐等学者也认为："民族消亡只有在阶级消亡、国家消亡之后才能实现，也就是说，人类社会进入共产主义社会以后才能实现"（金炳镐，2007）[178]。因此，民族身份和共同体身份将会在少数民族身份建构中长期共同存在。虽然人类社会的发展按照一定的规律进行，但是对于具有传统、现代不同面向的身份认同的少数民族来说，可能会在同一时间内经历社会不同的发展阶段，这就是差异性的体现，在具体的社会现象中体现为社会的某种撕裂性。比如贫困曾经并不是一个被广泛讨论的社会问题，但是在现代视域下，某些符合传统生产、生活方式的习俗、文化被当成"贫困"的象征，反映在影视作品中，即具有某些不同于现代生活习惯的群体被当成猎奇的他者和被同情的对象。这是社会发展多重维度对某群体生产、生活同时造成影响的呈现，是民族差异性、差异存续性的体现，也使得不同群体因此建构了不同维度的身份认同。

通过对彝族影视文本和对彝族影视生产者的访谈进行话语分析，作者发现在彝族题材影视作品中，物的不同处理方式建构了彝族不同的身份维度：既有基于民族形象、民族文化的民族认同维度，涵盖积极的民族身份认同与民族身份认同困境；也有基于中华民族共同体的国家认同维度。无论是彝族题材影视生产中文化独特性的方面，还是影视作品中负面问题的呈现和批判性方面，都表明在地理、历史等因素的影响下，彝族与各民族之间的差异性切实存在且长久持续。因此，民族理论研究与民族政策制定要尊重彝族身份建构中的民族认同维度和共同体认同维度，二者缺一不可。

通过分析彝族题材影视生产与身份认同建构，我们发现以彝族为代表的少数民族题材影视生产是其建构身份认同的重要实践,在对影视生产的关注以及影视作品再现现实的分析中,我们看到不同民族在共享中华民族共同体意识的基础上,也有自己独特的差异性身份认同,这些认同方式需要被尊重。同一民族基于不同地域的历史、文化传统,其身份认同建构也会呈现出差异性。民族理论研究与民族政策制定应该尊重不同民族之间的差异,正视、包容其中的差距。对待差异,要关注不同民族在现代化中建构身份认同的独特性,尊重少数民族身份建构中的不同维度;对待差距则要进行政策性扶持和文化性引导,以期各民族能共享现代化成果。差异、差距的存续性也要求理论、政策对影视文本的观察与分析应当具有持续性,需要与时俱进。

总而言之,本书从马克思主义对物的分析出发,尊重来自不同地区的彝族影视生产与身份认同建构本身样态的呈现,不赞成用进步主义的视角对待影视生产内容,也反对用静止的、失去主观能动性的视角对影视文本加以分析。本书考察的主要对象——凉山彝族——是彝族社会最重要的组成部分,尽管凉山彝族的影视作品充满悲剧性,该地区的彝族社会在近代历史上也遭受多种磨难,但是这些珍贵的影视文本与创作对我们理解不同形态的文化,以及找寻凉山彝族社会的变革路径提供了合理的出发点。影视生产对于社会变革或许有着标识意义——既然彝族题材影视作品已经开始大量反映社会问题,那么对这些影视文本的生产完全可以是我们理解彝族文化、探索彝族社会发展变迁规律的起点。

少数民族是中华民族重要组成部分,少数民族的文化也是中华文化重要的组成部分。以彝族为代表的少数民族通过影视生产实践建构自身身份认同,探索兼容传统的多元现代性文化认同,这是少数民族借由影视解释世界、改变世界的能动性的体现。影视生产,

第 5 章　研究结论：社会变迁与国家发展语境下的彝族身份认同

以及更大范围内文化生产实践是少数民族民众自我言说、自我反思和自我超越的重要方式，尊重少数民族题材影视生产的多维度身份认同，鼓励各民族进行旨在解释世界、改造世界的影视生产实践，既是建立科学民族政策的应有之义，也是建构中华民族共同体的必经之路。

附录 A 彝族题材影视作品信息

时间	片名	影视作品类型	导演	出品方
2000	撒尼男人的盛典	纪录片	陈学礼等	云南大学东亚影视人类学研究所
2002	虎日	纪录片	庄孔韶 王华	未知①
2005	花腰新娘	院线电影	章家瑞	中国电影集团公司 云南红河影业有限公司
2010	奢香夫人	电视剧	陈健	奥山影视文化湖北有限公司等
2011	凉山艾滋病调查	专题片	凤凰卫视	凤凰卫视
2012	走山人	院线电影	贾铁	河南电影电视制作集团公司 河南电影制片厂 北京中亚影视制作中心
2013	支格阿鲁	院线电影	贾萨杨万	云南星拓传播文化有限公司
2013	听见凉山	迷你剧	蔡成杰	中国中央电视台
2014	走遍云南	纪录片	未知	未知
2014	彝地密码	纪录片	廖小慧	深圳市民族文化传承与发展基金 深圳市卓越集团 四川凉山州政府 凉山州教育基金会

---

① 鉴于部分影视作品在网络上无法找到确切信息，附录使用"未知"做统一处理。

续表

时间	片名	影视作品类型	导演	出品方
2014	阿诗玛文化遗产传承人口述史	纪录片	巴胜超	昆明理工大学
2014	毒害大凉山	专题片	未知	中央电视台
2015	我的圣途	院线电影	张蠡	凉山文化广播影视传媒集团有限公司 加拿大巨龙海升国际影业公司
2016	安妮的邛海	院线电影	欧阳奋强	北京新影响文化发展有限公司 峨眉电影集团有限公司
2016	彝海结盟	电视剧	王伟民	凉山文化广播影视传媒集团有限公司
2016	凤凰树下	微电影	未知	楚雄州双柏县公安局
2016	文化中国——印象毕节古彝圣地	宣传片	浩博	中央新闻纪录电影制片厂（集团） 北京中视千羽文化传媒
2016	解密神秘古老的彝族毕摩文化	宣传片	谢健锋	纳雍县新闻中心
2016	光明的心弦	纪录片	刘世生	无
2016	撵瘟神	纪录片	高毕有	无
2017	索玛花开	电视剧	王伟民	中央电视台 凉山文化广播影视传媒集团有限公司
2017	彝问	纪录片	周旼 邢云欢	四川广播电视台 凉山彝族自治州广播电视台
2017	子牧雅惹	纪录片	张诗雪 张天宇	西南民族大学文学与新闻传播学院echo映像工作室
2017	库施与都则	纪录片	田喆	西昌电视台中央电视台
2017	历史的倒影：彝族史诗《查姆》	纪录片	谢朝红	云南民族文化音像出版社
2018	梦回远山	院线电影	贾萨杨万	四川纳加民族影视文化传媒有限公司

续表

时间	片名	影视作品类型	导演	出品方
2018	彩青春	微电影	吉勒阿里	攀枝花钢城麻花影视传媒有限公司 凉山阳一夫文化创意有限责任公司 彝佳艺文化传媒有限公司 华彝文化传媒有限公司
2018	死要面子活受罪	微电影	拉玛大力	未知
2018	尝失	微电影	罗涯优	华彝文化传媒有限公司今日彝族
2018	毕摩世家	纪录片	李鹏宁	龙岩学院传播与设计学院
2018	话三弦	纪录片	林之舒	未知
2018	火草	纪录片	尹涛 张继平	中共昆明市委组织部 中共石林彝族自治县委组织部
2018	凉山彝族档案：彝族毕摩文献（美姑）	纪录片	未知	美姑电视台美姑县档案局
2018	岩石上的花	电视栏目	未知	中央电视台
2018	大凉山来的孩子们	宣传片	未知	新华网安徽频道
2019	与你的最后一个夏天	微电影	勒索阿花	西昌学院深度电影协会
2019	仰望树下的情人	微电影	吉木古以	艺古影视传媒工作室 四川一念微影科技有限公司
2019	母亲	微电影	胡豆儿 拉玛大力	未知
2019	白色杀手	微电影	胡豆儿	未知
2019	彝绣传承	纪录片	龚志华	绿生活（北京）文化传媒有限公司
2019	彝乡之恋	宣传片	侯捷	中共楚雄彝族自治州委员会 楚雄彝族自治州人民政府 上海广播电视台
2019	我们在行动	综艺	未知	东方卫视

附录 A 彝族题材影视作品信息

续表

时间	片名	影视作品类型	导演	出品方
2019	天天向上	综艺	未知	湖南卫视
2020	金色索玛花	电视剧	欧阳奋强	中央广播电视总台
2020	阿依阿妞	微电影	未知	未知
2020	孖子，孖子	微电影	阿余说惹	凉山巨目文化传媒有限公司
2020	垃圾之王之峰回路转	微电影	阿余说惹	凉山巨目文化传媒有限公司 凉山四季文化传媒有限公司
2020	起源——魂	微电影	未知	未知
2020	阿呷的命运	微电影	彝族格格	唯影视觉
2020	云边的阿姆	微电影	黄发	四川天影星辰文化传播有限公司
2020	远方1	微电影	蒲莫乌国	华彝文化
2020	毒罪	微电影	吉伍木甲	未知
2020	忏悔	微电影	王雄	沐兮文化传媒
2020	赌徒	微电影	陈木呷	未知
2020	再次燃烧的生命	微电影	未知	未知
2020	绽放的花季	微电影	罗木军	华彝文化美人+彩妆工作室
2020	妮勒阿妞	微电影	金古杨明	彝佳艺影视传媒有限公司
2020	乌塔	微电影	巫卡包子	凉山州云朵印象文化传媒有限公司 凉山州蜀南文化传媒有限公司
2020	国家相册	纪录片	黄小希 马轶群	新华通讯社
2020	棒！少年	纪录片	许慧晶	北京爱奇艺科技有限公司
2020	辣操的刺绣	纪录片	陈学礼等	云南大学民族学与社会学学院

续表

时间	片名	影视作品类型	导演	出品方
2021	云深之处	纪录片	蒋俊锋	咪咕音乐有限公司
2021	彩礼记	微电影	胡豆儿	首佳水汇欢乐大舞台出品
2021	阿果吉曲	微电影	海来阿木	西昌市影视家协会
尚未发行	虎日2	纪录片	庄孔韶等	未知
尚未发行	明天我是谁	院线电影	阿安	未知
尚未发行	世界	院线电影	黄健中	未知
尚未发行	生命底色	院线电影	商小燕	未知
尚未发行	我的名字叫诗薇	微电影	金科诗薇	未知

附录 B 访谈大纲

对"物"的关注是本研究的核心内容。请结合您参与创作的彝族题材影视作品,具体谈谈以下问题:

1. 物的普遍性的具体呈现

(1) 在您参与创作的彝族题材影视作品中,您能记起哪些物件?例如(提醒并结合具体剧情,分为单个、多个非流通物件和单个商品及庞大的商品堆积)?

(2) 影片在展示彝族的现代化建设,尤其是新农村建设、脱贫攻坚和乡村振兴建设时,是否出现了具体的物件?

2. 原因及作用

(1) 您觉得对于物的崇拜背后的原因是什么(历史、政治、文化、民族、宗教)?

(2) 您觉得这些物件有什么民族、宗教、文化内涵?在推动剧情、展现人物性格和心理、交代人物命运、构建身份认同中分别起到什么作用?

3. 作为影视生产者的特殊性

(1) 您在看剧本及表演的过程中,是否会着重注意这些物件?这些物件是否具有本民族表演者的特殊性?

(2) 导演会在拍戏的过程中是否会跟您强调,或用特殊机位、景别进行调度，着重处理这些镜头？

（3）是否会考虑非本民族同胞因不熟悉而带来的接受度问题？

4. 态度及意义

（1）您对于这种物与身份认同的态度是什么？

（2）您觉得这种物件的呈现在少数民族（彝族）类电影中是否是必要的？和您拍摄的其他类型电影有何不同？

感谢您的配合！

参 考 文 献

[1] CHAN, K. The Construction of Black Male Identity in Black Action Films of the Nineties [J]. Cinema Journal. 1998, 37 (2): 35 – 48.

[2] CLIFFORD G. Old Societies and New States: The Quest for Modernity in Asia and Africa [M]. New York: Free Press, 1963.

[3] DAVID C O. Viewing Identity: Second – Generation Korean American Ethnic Identification and the Reception of Korean Transnational Films [J]. Communication Culture and Critique, 2011 (4): 184 – 204.

[4] FREDRICK B. Ethnic Groups and Boundaries [M]. Boston: Little Brown and Company, 1969.

[5] GERGEN K J. The Saturated Self: Dilemmas of Identity in Contemporary Life [M]. New York: Basic Books, 1991.

[6] HARRIS Z S. Discourse Analysis [M]. Dordrecht: Springer, 1981: 107 – 142.

[7] Isabel Molina Guzmán. Mediating Frida: Negotiating Discourses of Latina/o Authenticity in Global Media Representations of Ethnic Identity [J]. Critical Studies in Media Communication, 2006

（23）：3+232-251.

[8] JONATHAN Y. Okamura, Situational Ethnicity [J]. Ethnic and Racial Studies, 1981（4）：14.

[9] KATERINA L. Constructing the "Other": Construction of Russian Identity in the Discourse of James Bond films [J]. Journal of Multicultural Discourses, 2014, 9（2）：79-97.

[10] KLINGBERG T. The Overflowing Brain: Information overload and the Limits of Working Memory [M]. New York: Oxford University Press, 2009.

[11] WEBER M. Economy and Society [M]. Berkeley: University of California Press, 1978.

[12] RICHARDS J. Films and British National Identity: From Dickens to Dad's Army [M]. Manchester: Manchester University Press, 1997.

[13] SMUTS J C. Holism and Evolution [M]. New York: The Macmillan Company, 1926.

[14] STUART Hall. In Culture, Media, Language [M]. London: Routledge, 1980：130.

[15] TURKLE S. Life on the Screen: Identity in the age of the Internet [M]. London: Weidenfeld & Nicolson, 1996.

[16] 阿库浪金. 整体主义视角下的凉山彝族多元医疗体系初探 [J]. 贵州工程应用技术学院学报, 2019, 37（5）：53-58.

[17] 艾雪. 身份认同：年轻女性农民工在社交媒体上的自我呈现 [D]. 厦门：厦门大学, 2017.

[18] 安东尼·吉登斯. 现代性与自我认同 [M]. 赵旭泉, 方文, 等译. 北京：三联书店, 1988.

[19] 巴莫阿依. 彝族祖灵信仰研究 [M]. 成都: 四川民族出版社, 1994: 80+150-159.

[20] 巴莫曲布嫫. 神图与鬼板——凉山彝族祝咒文学与宗教绘画考察 [M]. 南宁: 广西人民出版社, 2004: 114-116.

[21] 本尼迪克特·安德森. 想象的共同体: 民族主义的起源与散布 [M]. 吴叡人, 译. 上海: 上海人民出版社, 2005: 6.

[22] 邴波. 新疆少数民族题材电影国家形象建构研究 [D]. 济南: 山东大学, 2020.

[23] 蔡尔妮. 校园青春电影中的青年形象建构及认同困境 [D]. 长沙: 湖南师范大学, 2016.

[24] 曾欢迎. 以人为中心——梵·迪克建构主义传播思想研究 [D]. 武汉: 华中科技大学, 2017.

[25] 常江. 以先锋的姿态怀旧: 中国互联网文化生产者的身份认同研究 [J]. 国际新闻界, 2015, 37 (5): 106-124.

[26] 陈连龙, 李颖. 我国影视文化传播中的符号景观与民族形象建构——以西夏题材影视作品为例 [J]. 电影文学, 2021 (5): 24-28.

[27] 陈品羽, 王瑜. 媒介化运动社交背景下城市青年的身份认同建构——以健身类 App 为例 [J]. 新媒体研究, 2019, 5 (18): 10-11.

[28] 陈薇. 香港身份认同的媒体建构: 社会建构论的视角 [J]. 港澳研究, 2017 (1): 86-92+96.

[29] 陈学礼. 以镜头"写"文化: 民族志电影制作者和被拍摄者关系反思 [D]. 昆明: 云南大学, 2015.

[30] 陈自升. 彝族图腾崇拜研究评述及再思考 [J]. 宗教学研究, 2016 (4): 176-181.

［31］湛舒雅．"行走的乐舞"：彝族撒尼民间歌舞影像记录作品创作阐述［D］．昆明：昆明理工大学，2017．

［32］程昱．影像青春中的个体发现与身份认同［D］．上海：华东师范大学，2011．

［33］慈蕊．试论杜琪峰电影的身份认同［D］．南京：广西大学，2015．

［34］崔岩．流动人口心理层面的社会融入和身份认同问题研究［J］．社会学研究，2012，27（5）：141－160＋244．

［35］邓娇娇．高学历幼儿教师身份认同的个案研究［D］．西安：陕西师范大学，2013．

［36］邓惟佳．能动的"迷"：媒介使用中的身份认同建构［D］．上海：复旦大学，2009．

［37］尔古果果，欧阳利，王伟，等．浅论彝族毕摩仪式的现代心理治疗价值［J］．商业文化（学术版），2010（8）：338－339．

［38］方李莉，孟凡行，季中扬，等．"中华民族视觉形象"与"共同体意识建构"笔谈［J］．民族艺术，2021（1）：12－25．

［39］方晓恬，窦少舸．《王者荣耀》游戏中"90后"玩家的身份认同研究［J］．新闻研究导刊，2018，9（5）：47－48＋50．

［40］方艳．城镇化进程中农民工方言传播与身份认同研究［J］．新闻大学，2015（2）：88－91＋143．

［41］甘丽华．中国记者职业身份认同的建构与消解［D］．武汉：武汉大学，2013．

［42］高佳雨，王聪艳．虚拟社区趣缘群体的身份认同研究——以豆瓣网为例［J］．传媒论坛，2019，2（14）：158＋160．

［43］高文德．中国少数民族史大辞典［M］．长春：吉林教育出版社，1995：1932．

[44] 葛彬超，孟伏琴．青年身份认同的"微"建构[J]．中国青年研究，2020，4（6）：107-113．

[45] 耿健．纪录片《彝山守望者》创作阐述[D]．昆明：昆明理工大学，2018．

[46] 龚瑶．新千年台湾电影的身份认同研究[D]．杭州：浙江大学，2012．

[47] 巩杰．解读"藏地密码"：当下藏地电影空间文化审美共同体建构阐释[J]．当代电影，2019（11）：4-10．

[48] 郭雷．迷与迷群：粉丝电影传播过程中的身份认同建构[D]．开封：河南大学，2018．

[49] 郭台辉．公民身份认同：一个新研究领域的形成理路[J]．社会，2013，33（5）：1-28．

[50] 郭悦．基于VR影像技术的民族文化展示内容研究[D]．昆明：昆明理工大学，2018．

[51] 贺金瑞，燕继荣．论从民族认同到国家认同[J]．中央民族大学学报（哲学社会科学版），2008，4（3）：5-12．

[52] 侯旋．庄学本人物摄影中民族文化特征表达研究[D]．南京：南京师范大学，2017．

[53] 胡嘉雯．潮玩玩家群体的媒介使用与身份认同[D]．北京：中国社会科学院研究生院，2020．

[54] 胡兆义．撒拉族民族认同研究[D]．兰州：兰州大学，2014．

[55] 黄敬茹．试论民族语译制影片与国家认同的建构——以怒江傈僳语影视译制为例[J]．视听，2021（4）：21-22．

[56] 吉尔体日，曲木铁西，吉尔拉格，等．祖灵的祭礼：彝族"尼木措毕"大型祭祖仪式及其经籍考察研究[M]．北京：民族出版社，2013：14．

[57] 贾志斌. 如何加强少数民族大学生的国家认同教育 [J]. 西北民族大学学报（哲学社会科学版），2011，4（1）：135-139.

[58] 姜玮玮. 少数民族题材影视作品的仪式场景传播 [D]. 昆明：云南师范大学，2008.

[59] 金炳镐. 民族理论通论 [M]. 北京：中央民族大学出版社，2007：111+178.

[60] 金丽娜. 传播视角下民族影视创作的价值观建构 [J]. 贵州民族研究，2017，38（5）：85-88.

[61] 居伊·德波. 景观社会 [M]. 张新木，译. 南京：南京大学出版社，2017：3+7+14+136.

[62] 郎维伟. 中国彝族人类学影视片述论 [J]. 西南民族学院学报（哲学社会科学版），1996（5）：35-38.

[63] 雷田田. 他者建构与自我建构 [D]. 济南：山东艺术学院，2015.

[64] 黎相宜，周敏. 抵御性族裔身份认同——美国洛杉矶海南籍越南华人的田野调查与分析 [J]. 民族研究，2013（1）：45-57+124.

[65] 李芳芳. 名品折扣网站消费者身份认同探析 [D]. 武汉：华中师范大学，2014.

[66] 李飞，钟涨宝. 人力资本、阶层地位、身份认同与农民工永久迁移意愿 [J]. 人口研究，2017，41（6）：58-70.

[67] 李继东，吴茜. 近五年网络流行语的青年身份认同与话语实践 [J]. 现代传播（中国传媒大学学报），2020，42（8）：39-43.

[68] 李金芳.《创造101》迷群身份认同研究 [D]. 南充：西华师范大学，2020.

[69] 李俊奎. 新生代农民工身份认同与影响因素分析 [J]. 西北农林科技大学学报（社会科学版），2016，16（1）：1-6+162.

[70] 李璐. 城市形象传播中受众的情绪表达与身份认同 [D]. 海口：海南师范大学，2020.

[71] 李淼. 论云南少数民族题材电影中的边疆想象、民族认同与文化建构 [D]. 上海：上海大学影视艺术技术学院，2013.

[72] 李沁，王雨馨. 华人华侨身份认同程度与中华文化传播行为研究 [J]. 当代传播，2019（2）：55-60+64.

[73] 李琼. 角色转换与身份认同：不同社会化媒体对个体行为的影响 [D]. 西安：陕西师范大学，2014.

[74] 李荣彬，张丽艳. 流动人口身份认同的现状及影响因素研究——基于我国106个城市的调查数据 [J]. 人口与经济，2012，4（4）：78-86.

[75] 李睿. 冲突与媾和：李安"父亲三部曲"文化身份认同研究 [D]. 兰州：兰州大学，2020.

[76] 李维汉. 统一战线问题与民族问题 [M]. 北京：人民出版社，1981：596-602.

[77] 李贤，王亚军. 民族形象的"他者塑造"和"自我建构"——以新疆少数民族的形象传播为例 [J]. 中国民族博览，2018（3）：1-2.

[78] 李洋. 台湾电影中的身份认同问题 [D]. 厦门：厦门大学，2014.

[79] 李奕明. 十七年少数民族电影的文化视点与主题 [J]. 电影创作，1997（1）：69-73.

[80] 李颖. 新时期云南少数民族题材电影研究 [D]. 上海：上海

交通大学,2010.

[81] 李忠,石文典.当代民族认同研究述评[J].西北民族大学学报（哲学社会科学版）,2008（3）:24-28+131.

[82] 栗志刚.民族认同的精神文化内涵[J].世界民族,2010（2）:1-5.

[83] 梁君健.叙述文化——人类学纪录片的影像元素及其与主题之间的关系——以《毕摩纪》《红谷子》和《和祖先一起唱歌》为例[J].电视研究,2010（8）:34-36.

[84] 梁梦丹.新媒体传播视域下人类学纪录片中的少数民族文化身份建构[D].成都:成都理工大学,2018.

[85] 梁现瑞.中国纪录片对非物质文化遗产的书写[D].成都:四川大学,2007.

[86] 列来拉杜,曲木伍各.民俗生活的影像记录——谈彝族民俗的影像表现[J].中国民族,2006（10）:56-57.

[87] 林春城,王晓明.新时期城市化与城市电影的身份认同[J].上海大学学报（社会科学版）,2015,32（2）:56-65.

[88] 刘安.寂静地书写与发声[D].重庆:重庆大学,2016.

[89] 刘操.男人的节日:彝族撒尼人"密枝节"影像纪录[D].昆明:昆明理工大学,2016.

[90] 刘贵珍,马晓婷.《绿皮书》黑人音乐家的身份认同与建构[J].名作欣赏,2020（27）:33-35.

[91] 刘静.2000年以来少数民族电影的身份问题研究[D].北京:中国矿业大学,2015.

[92] 刘龙.电影《我的圣途》中的彝族视觉环境研究[J].电影评介,2017（13）:57-59.

[93] 刘童童.李亚威纪录片中的彝族文化表达策略研究[D].昆

明：云南师范大学，2018.

[94] 刘学成．新型城镇化背景下新市民身份认同研究［D］．北京：首都师范大学，2014．

[95] 刘正发（阿里瓦萨）．凉山彝族家支文化传承的教育人类学研究——以云南省宁蒗彝族自治县金古忍石家支为个案［D］．北京：中央民族大学，2007．

[96] 卢海阳，梁海兵．"城市人"身份认同对农民工劳动供给的影响——基于身份经济学视角［J］．南京农业大学学报（社会科学版），2016，16（3）：66-76+158．

[97] 卢晖临，潘毅．当代中国第二代农民工的身份认同、情感与集体行动［J］．社会，2014，34（4）：1-24．

[98] 陆璐．仪式传播中的民族身份认同与表达［D］．合肥：安徽大学，2016．

[99] 罗姣姣．中国电视综艺发展史［M］．北京：中国广播影视出版社，2017：10．

[100] 罗丽．社交媒体时代用户的自我建构和身份认同研究［D］．乌鲁木齐：新疆财经大学，2018．

[101] 吕品．"完美偶像"：虚拟偶像迷群的身份认同研究——以虚拟歌姬"洛天依"为例［J］．新媒体研究，2019，5（16）：101-103．

[102] 马可，杨亮．融媒时代回族媒介形象建构的困境与思考［J］．今传媒，2020，28（11）：30-33．

[103] 马克思，恩格斯．德意志意识形态（节选本）［M］．北京：人民出版社，2018：534．

[104] 马克思，恩格斯．马克思恩格斯全集：第1卷（上）［M］．北京：人民出版社，1956：290．

[105] 马克思,恩格斯. 马克思恩格斯全集:第3卷[M]. 北京:人民出版社,1956:33.

[106] 马克思,恩格斯. 马克思恩格斯全集:第4卷[M]. 北京:人民出版社,1956:461-504.

[107] 马克思,恩格斯. 马克思恩格斯全集:第20卷[M]. 北京:人民出版社,1956:341+342.

[108] 马克思,恩格斯. 马克思恩格斯全集:第22卷[M]. 北京:人民出版社,1956:430.

[109] 马克思,恩格斯. 马克思恩格斯全集:第42卷[M]. 北京:人民出版社,1956:257.

[110] 马克思,恩格斯. 马克思恩格斯全集:第46卷(上)[M]. 北京:人民出版社,1956:202+204.

[111] 马克思. 资本论:第1卷[M]. 北京:人民出版社,2004:24+87+89+97+113.

[112] 马琳. 电视剧传播框架中的女性:形象建构与身份认同[D]. 上海:华东师范大学,2008.

[113] 马曼书. 云南少数民族题材电影的文化误读现象分析[D]. 昆明:云南师范大学,2014.

[114] 马学良,等. 彝族文化史[M]. 上海:上海人民出版社,1989:687.

[115] 马学良,于锦绣,范惠娟. 彝族原始宗教调查报告[M]. 北京:中国社会科学出版社,1993:3+7-8+11.

[116] 孟帆. 新世纪以来藏地电影的民俗影像研究[D]. 长沙:湖南师范大学,2020.

[117] 孟瑞. "身份认同"内涵解析及其批评实践考察[D]. 杭州:浙江大学,2013.

［118］牛静．影像记忆、身份表述与文化认同——电影《阿诗玛》在石林地区传播的媒介人类学研究［D］．昆明：云南师范大学，2018．

［119］牛凌云．仙侠剧网络迷群的身份认同研究［D］．重庆：重庆师范大学，2017．

［120］潘泽泉，何倩．居住空间、社会交往和主观地位认知：农民工身份认同研究［J］．湖南社会科学，2017，4（1）：80－87．

［121］庞小条．云南少数民族题材影视服装艺术窥探［D］．昆明：云南艺术学院，2011．

［122］彭五堂．论马克思所有制理论的萌发［J］．马克思主义研究，2011（8）：54－61＋159－160．

［123］钱俊希，杨槿，朱竑．现代性语境下地方性与身份认同的建构——以拉萨"藏漂"群体为例［J］．地理学报，2015，70（8）：1281－1295．

［124］让·鲍德里亚．符号政治经济学批判［M］．夏莹，译．南京：南京大学出版社，2015：104－106．

［125］让·鲍德里亚．消费社会［M］．刘成富，全志钢，译．南京：南京大学出版社，2014：115＋78．

［126］任思燕．近三十年港剧中内地人形象演变与身份认同［D］．南京：南京师范大学，2013．

［127］任妍．云南题材电影语境下的本土影视教育反思［D］．昆明：云南艺术学院，2010．

［128］茹芳．电视栏目与冠名广告契合度评价量表构建研究［D］．南昌：南昌大学，2014．

［129］阮青．影像中的民族身份建构与启蒙新变——以《云上太

阳》为例［J］.贵州民族研究，2014，35（3）：114-116.

［130］沈霄．"看"中国：作为"他者"的国家形象建构——基于Facebook"中国文化"系列短片的文本分析［J］.西安交通大学学报（社会科学版），2019，39（5）：146-154.

［131］史可扬．影视文化学［M］.重庆：西南师范大学出版社，2018：113+118.

［132］斯图亚特·霍尔．文化研究读本［M］.罗刚，刘象愚，编译．北京：中国社会科学出版社，2000：345-358.

［133］斯图亚特·霍尔：文化身份与族裔散居．文化研究读本［M］.罗纲、刘象愚，译．北京：中国社会科学出版社，2000：208-223.

［134］宋才发．铸牢中华民族共同体意识的四维体系构建及路径选择［J/OL］.［2021-03-18］.https：//do i.org/10.13 903/j.cnki.cn51-1575/d.2 021022 2.001.

［135］宋鸽．霓裳阿诗玛纪录片《霓裳阿诗玛》创作阐述［D］.昆明：昆明理工大学，2016.

［136］宋全成．穆斯林移民在欧洲：身份认同及其冲突［J］.西亚非洲，2016，4（1）：22-37.

［137］宋艳姣，王丰龙．身份认同对流动人口消费行为的影响研究——基于2014年全国流动人口动态监测调查数据［J］.财经论丛，2020，4（2）：3-11.

［138］苏冠元．辉煌、裂变与重生［D］.太原：山西师范大学，2019.

［139］苏米尔．观物取象：我国蒙古族电影意象审美巡礼［J］.电影评介，2020（1）：92-95.

［140］孙文凯，李晓迪，王乙杰．身份认同对流动人口家庭在流入

地消费的影响[J].南方经济,2019,4(11):131-144.

[141] 孙信茹.微信的"书写"与"勾连"——对一个普米族村民微信群的考察[J].新闻与传播研究,2016,23(10):6-24+126.

[142] 谭文若.网络群体成员身份认同的建构途径——以"绝望主妇"迷群为例[J].新闻界,2012(17):39-42.

[143] 田聪.纪录片《"阿诗玛"回响》的创作阐述[D].昆明:昆明理工大学,2016.

[144] 童冰洁.农村新手教师身份认同问题研究[D].南京:南京师范大学,2015.

[145] 涂盛.新世纪云南少数民族题材电影的发展出路探析——以《云南三部曲》为例[D].昆明:云南大学文化产业研究院,2011.

[146] 瓦尔特·本雅明,张旭东.历史哲学论纲[J].文艺理论研究,1997(4):93-96.

[147] 瓦尔特·本雅明.巴黎,19世纪的首都[M].刘北成,译.上海:上海人民出版社,2006:12+14+107.

[148] 瓦尔特·本雅明.摄影小史[M].许绮玲、林志明,译.桂林:广西师范大学出版社,2017:29.

[149] 王超品.当代中国民族认同与国家认同整合的制度机制研究[D].昆明:云南大学,2015.

[150] 王东.新生代农民工微信使用与身份认同关系研究[D].南昌:南昌大学,2020.

[151] 王浩宇.民族交融视域下的语言使用与身份认同[J].中南民族大学学报(人文社会科学版),2019,39(4):16-22.

[152] 王建民. 民族认同浅议 [J]. 中央民族学院学报, 1991 (2): 56-59.

[153] 王晶晶. 网络泰剧迷群媒介使用中的身份认同 [D]. 合肥: 安徽大学, 2016.

[154] 王婷, 刘乾阳. 网络视频直播空间中青年女性的自我建构与身份认同 [J]. 当代青年研究, 2019 (4): 97-103.

[155] 王玮. 仪式传播中的粉丝身份认同 [D]. 合肥: 安徽大学, 2017.

[156] 王希恩. 民族认同发生论 [J]. 内蒙古社会科学（文史哲版）, 1995 (5): 31-36.

[157] 王炎龙, 江澜. 中华民族共同体意识产生、发展和完善的基本逻辑——从媒体话语叙事到文化价值认同的新透视 [J]. 民族学刊, 2021, 12 (1): 49-56+89.

[158] 王雁. 论台湾电影的国族认同观之变迁 [D]. 上海: 上海大学, 2011.

[159] 王艺潼. 澜沧县拉祜族民族影像的文化阐释与建构研究 [D]. 昆明: 云南师范大学, 2020.

[160] 王毅杰, 倪云鸽. 流动农民社会认同现状探析 [J]. 苏州大学学报, 2005 (2): 49-53.

[161] 文源. 《绿皮书》: 身份认同的困惑 [J]. 电影文学, 2019 (13): 73-76.

[162] 吴桂琴. "阿诗玛"与撒尼文化——石林小圭山村山鹰文艺队文化再现的视觉人类学分析 [D]. 昆明: 云南大学, 2012.

[163] 吴丽. 云南少数民族题材电影发展历程研究 [D]. 昆明: 云南大学, 2014.

[164] 吴琼. 拱廊街·奇观化·闲逛者——本雅明的拜物教批判 [J]. 河南社会科学, 2014, 22 (4): 26-36.

[165] 吴晓明. 从社会现实的观点把握中国社会的性质与变迁 [J]. 哲学研究, 2017, 4 (10): 12-18+128.

[166] 夏莹. 从寓言式批判到意象辩证法: 本雅明的拜物教思想研究 [J]. 马克思主义与现实, 2012 (3): 117-124.

[167] 谢立黎, 黄洁瑜. 中国老年人身份认同变化及其影响因素研究 [J]. 人口与经济, 2014, 4 (1): 55-66.

[168] 谢玲. 影视人类学的伪装: 一场媒介暴力的表演——深入楚雄双柏彝族村落的田野调查 [D]. 重庆: 西南大学, 2009.

[169] 徐芳依.《乘风破浪的姐姐》与当代女性身份认同 [J]. 现代视听, 2020 (11): 25-28.

[170] 徐黎丽. 论多民族国家中民族认同与国家认同的冲突——以中国为例 [J]. 西北师大学报（社会科学版）, 2011, 48 (1): 34-40.

[171] 徐丽娟. 少数民族题材纪录片的他者塑造——兼谈毕业创作《彝村风情》[D]. 重庆: 重庆师范大学, 2019.

[172] 许孝媛, 孔令顺. 强凝聚与弱分化: 手机媒介在傣族村落中的功能性使用 [J]. 新闻与传播研究, 2017, 24 (2): 20-32+126.

[173] 闫国疆. 社会记忆、民族身份与国家认同 [J]. 中央社会主义学院学报, 2019 (6): 97-105.

[174] 闫泽茹. "抖音"趣缘群体使用行为研究 [D]. 武汉: 武汉大学, 2018.

[175] 严亚. 新媒体时代大学生媒介形象自我建构研究 [D]. 重庆: 西南大学, 2015.

[176] 杨白苹. 专题片《花倮彝文化掠影》的创作阐述 [D]. 昆明: 昆明理工大学, 2016.

[177] 杨慧琼. 新时期的漂泊叙事和现代性体验 [M]. 西安: 陕西师范大学出版社, 2012.

[178] 杨菊华, 张娇娇, 吴敏. 此心安处是吾乡——流动人口身份认同的区域差异研究 [J]. 人口与经济, 2016, 4 (4): 21 - 33.

[179] 杨菊华, 张莹, 陈志光. 北京市流动人口身份认同研究——基于不同代际、户籍及地区的比较 [J]. 人口与经济, 2013, 4 (3): 43 - 52.

[180] 杨茂庆, 史能兴. 身份认同理论观照少数民族流动儿童的城市社会融入与身份建构 [J]. 民族教育研究, 2018, 29 (3): 101 - 107.

[181] 杨须爱. 马克思主义民族融合理论在新中国的发展及"民族交往交流交融"提出的思想轨迹 [J]. 民族研究, 2016 (1): 1 - 13 + 123.

[182] 叶荫茵. 社会身份的视觉性表征: 苗族刺绣的身份认同探析 [J]. 贵州民族研究, 2018, 39 (3): 123 - 127.

[183] 叶张翔. 都市青年的形象建构与身份认同 [D]. 广州: 暨南大学, 2017.

[184] 尹金凤, 蒋书慧. 网络短视频生产中乡镇青年的身份认同建构 [J]. 新闻界, 2020 (8): 67 - 73.

[185] 于海涛, 张雁军, 乔亲才. 全球化时代的国家认同: 认同内容及其对群际行为的影响 [J]. 心理科学进展, 2014, 22 (5): 857 - 865.

[186] 袁娥. 民族认同与国家认同研究述评 [J]. 民族研究, 2011

(5)：91-103+110.

[187] 袁梦倩．重审香港电影的怀旧：记忆符码、身份认同与文化想象——论2016年香港电影［J］．当代电影，2017（4）：119-124.

[188] 詹姆斯·莫纳科．怎样看电影［M］．刘安义，等译．上海：上海文艺出版社，1990：336。

[189] 詹庆生．影视艺术概论［M］．北京：清华大学出版社，2018：27.

[190] 张宝成．磨合与交融：呼伦贝尔巴尔虎蒙古人的民族认同与国家认同研究［D］．北京：中央民族大学，2010.

[191] 张宝成．民族认同与国家认同之比较［J］．贵州民族研究，2010，31（3）：1-6.

[192] 张成，曲一公．电影与游戏的跨界力作：互动电影《底特律：成为人类》的叙事性与身份认同［J］．电影新作，2018（6）：112-115.

[193] 张方敏．影视传播对现实的建构及其实现场域——以詹姆斯·凯瑞的传播仪式观为研究取向［J］．当代传播，2014（2）：29-30.

[194] 张健．当代电视节目类型教程［M］．上海：复旦大学出版社，2011：2.

[195] 张杰．通过陌生性去沟通：陌生人与移动网时代的网络身份/认同——基于"个体化社会"的视角［J］．国际新闻界，2016，38（1）：102-119.

[196] 张亮．从"占人后裔"到国家公民：三亚回族的身份认同［J］．开放时代，2015（4）：214-223+11.

[197] 张伦阳，王伟．铸牢中华民族共同体意识：理论逻辑、现实

基础和实践路径［J］.民族学刊,2021,12（1）：10－18＋84.

［198］张梦.情感游戏与身份认同：韩剧字幕组粉丝群体研究［D］.南京：南京大学,2015.

［199］张睿.浅谈达真《康巴》多元文化下的民族身份建构［J］.海峡教育研究,2018（4）：39－43.

［200］张淑华、李海莹、刘芳.身份认同研究综述［J］.心理研究,2012,5（1）：21－27.

［201］张瑄.地方族群媒介形象与身份认同关系研究［D］.武汉：华中科技大学,2014.

［202］张燕.香港电影伦理叙事中的身份认同与国族意识（1949—2019）［J］.电影艺术,2019（4）：144－150.

［203］张玉.新世纪中国少数民族题材电影中的身份认同［D］.北京：中央民族大学,2016.

［204］张媛,文霄.微信中的民族意识呈现与认同构建：基于一个彝族微信群的考察［J］.国际新闻界,2018,40（6）：122－137.

［205］张媛.媒介、地理与认同：中国西南地区少数民族国家认同的形成与变迁［D］.杭州：浙江大学,2014.

［206］张媛.景观、符号与仪式：少数民族电影中的原型隐喻与认同建构［J］.暨南学报（哲学社会科学版）,2018,40（10）：27－35.

［207］赵冬晓.指尖上的"阿诗玛"——彝族（撒尼）刺绣的影像记录［D］.昆明：昆明理工大学,2017.

［208］赵积将.民间留存纸质彝文文献的传承与保护［J］.兰台世界,2015（34）：180－182.

[209] 赵卫华,郝秋晨.住房消费、城市级别与农民工的市民身份认同[J].社会发展研究,2019,6(4):54-75+239.

[210] 赵迎军.从身份漂移到市民定位:农民工城市身份认同研究[J].浙江社会科学,2018,4(4):93-102+158-159.

[211] 郑宏颖.马克思主义民族理论视域下的民族认同与国家认同[J/OL].(2021-05-28).https://doi.org/10.14084/j.cnki.cn62-1185/c.20210508.002.

[212] 郑嘉茵.美籍华裔移民文化身份与价值观流变分析[D].上海:上海外国语大学,2014.

[213] 周超,刘虹.共生理论视阈下中华民族共同体建构的五维向度[J].民族学刊,2021,12(1):19-25+85.

[214] 周如南.歧视的地方性逻辑:凉山彝区家支整体主义下的疾病应对与意义生产[J].开放时代,2015,4(4):200-213+10-11.

[215] 周媛,王大桥.电影《塔洛》中的身份认同与文化焦虑——兼谈万玛才旦"藏地故乡三部曲"[J].西北民族大学学报(哲学社会科学版),2018(6):132-136.

[216] 朱靖江.荒野春风:庄学本少数民族女性影像与文化研究[J].中国藏学,2020(4):139-147.

[217] 朱靖江.中国人类学影像民族志的文本类型及其学术价值[J].广西民族大学学报(哲学社会科学版),2013,35(1):62-68.

[218] 朱靖江.中国西南民族志电影的早期发轫[J].中央民族大学学报(哲学社会科学版),2021,48(1):107-116.

[219] 朱凌飞.对电影《花腰新娘》的人类学解读[J].民族研究,2007(1):47-56+108.

[220] 朱梦甜. 我国英剧迷群在网络社区的身份认同建构 [D]. 武汉：华中科技大学，2014.

[221] 朱文哲. 身份藩篱：社交媒体使用与人际交往间的中介效应——基于京津深新生代农民工的社会调查 [J]. 新闻与传播评论，2019，72（2）：24 – 36.

[222] 庄孔韶. "虎日"的人类学发现与实践——兼论《虎日》影视人类学片的应用新方向 [J]. 广西民族研究，2005（2）：51 – 65.

[223] 庄锡昌. 多维视野中的文化理论 [M]. 杭州：浙江人民出版社，1987：45 – 48.

[224] 卓圆. 新媒体环境下的粉丝消费行为和身份认同 [D]. 广州：暨南大学，2018.

[225] 姊妹彝学研究小组. 彝族风俗志 [M]. 北京：中央民族学院出版社，1992：62 + 72.

[226] 字振华. 马克思主义民族理论中国化研究 [D]. 西安：陕西师范大学，2013.

[227] 邹华芬. 改革开放三十年中国少数民族题材电影研究（1979—2008）[D]. 上海：华东师范大学，2009.

[228] 邹静晨. 游戏镜像与身份认同：女性向游戏中的女性玩家研究 [D]. 郑州：郑州大学，2019.

[229] 邹旖佳. 新媒介中应援团成员的身份认同研究 [D]. 长沙：湖南师范大学，2020.